CON
BOOK.

Anmerkungen

Dieses Buch behandelt den südlichen Teil der koreanischen Halbinsel, die Republik Korea. Allgemein wird daher von »Korea« gesprochen. Wenn eine Differenzierung notwendig ist, werden die Bezeichnungen Südkorea und Nordkorea (Demokratische Volksrepublik Korea) verwendet.

Zur Transkription des koreanischen Alphabets wird, bis auf wenige Ausnahmen, die revidierte Romanisierung genutzt, die seit 2000 offizielle Umschrift des Koreanischen ist.

Bei der Nennung koreanischer Namen wird, wie in Korea üblich, der Familienname dem Vornamen vorangestellt.

Allein aus Gründen der Lesbarkeit wird in diesem Buch das generische Maskulinum verwendet. Es bezieht sich zugleich auf die männliche, die weibliche und andere Geschlechteridentitäten, die jeweils ausdrücklich mitgemeint sind.

Die Autoren spenden einen Teil ihres Honorars der Organisation Liberty in North Korea (www.libertyinnorthkorea.org), die sich für die Menschenrechte in Nordkorea einsetzt und Nordkoreaner bei ihrer Flucht unterstützt.

Dennis Kubeks Vorliebe für den asiatischen Kontinent liegt in seiner Kindheit begründet: Seine Helden waren die Akteure von unzähligen ostasiatischen Filmen. Während seines Mediendesign-Studiums war das Fernweh schließlich auf ein so unerträgliches Maß angewachsen, dass er sich endlich selbst in Kung-Fu-Pose zwischen Pagoden und Reisfeldern wiederfand. Wann immer es sich seitdem einrichten lässt, taucht er in die faszinierenden Kulturen Asiens ein.

Bielle Kim ist in Seoul geboren und aufgewachsen. Nach ihrem Innenarchitektur-Studium packte sie das Reisefieber, das sie fortan nicht mehr loslassen sollte. Die Streifzüge der neugierigen Weltenbummlerin führten sie von Asien nach Australien, um anschließend in Europa eine neue Heimat zu finden. Seit 2011 lebt und arbeitet die Designerin und Marketing-Spezialistin nun in Deutschland.

DENNIS KUBEK
BIELLE KIM

K UNIVERSE

VON K-POP BIS K-DRAMA: TRENDS MADE IN KOREA

K-FOOD

K-TRENDS

K-ENTERTAINMENT

K-WEB

K-CITY

K-POP

K-LIFE

K FOOD

Kulinarisches Korea

Südkorea ist zwar ein eher kleines Land, doch die Auswahl an verschiedenen Gerichten ist erstaunlich groß. Jede Region hält ihre eigenen Spezialitäten bereit, und auf den Märkten und bei Straßenverkäufern wird eine Vielzahl an Snacks zu günstigen Preisen angeboten. Koreaner nehmen zu jeder Mahlzeit Reis sowie Kimchi und Suppe zu sich. Sie mögen ihr Essen heiß und gerne auch recht scharf. Traditionell werden reichlich unterschiedliche Gemüsegerichte gegessen – viele mit Nudeln, Fleisch oder Tofu. Zu den typischen Zutaten gehören Sesamöl, Sojasauce, fermentierte Soja- und Chilipaste, Ingwer und Knoblauch. Die Tatsache, dass Korea eine Halbinsel ist, sorgt für ein entsprechendes Angebot an Fisch und Meeresfrüchten.
Das Essen ist immer ein Erlebnis, das zelebriert werden möchte, und es ist nicht verwunderlich, dass sich die koreanische Küche sowohl bei »Foodies« als auch bei Koreafans immer größerer Beliebtheit erfreut.

KIMCHI

Mehr als nur eine Beilage

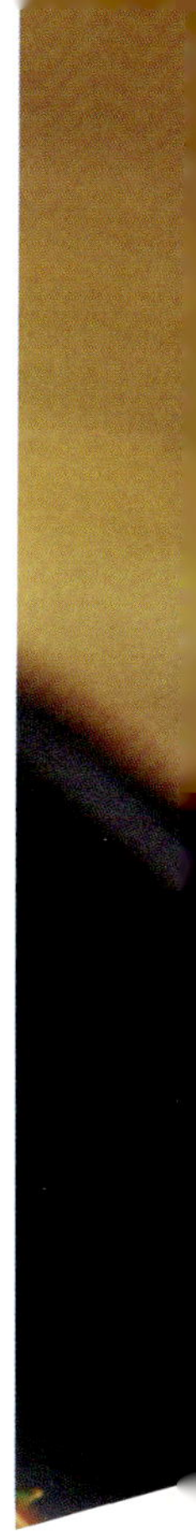

Die Nationalspeise

Kimchi, ein scharf mariniertes, vergorenes Gemüse, ist die wichtigste Beilage in der koreanischen Küche. Zugleich ist Kimchi auch Nationalspeise, identitätsstiftend für Koreaner und immaterielles Kulturerbe. Kurz gesagt: kein Kimchi – keine richtige Mahlzeit.

Intensiver Geruch, intensiver Geschmack

Kimchi ist feurig-scharf und würzig. Bei der Zubereitung wird gesalzener Chinakohl zusammen mit etwas Rettich in Ingwer, Fischsauce, Chilipulver und reichlich Knoblauch eingelegt. Die Milchsäuregärung macht das Kimchi haltbar und sorgt für sein typisches Aroma. Es wird geschätzt, dass es neben diesem klassischen Rezept noch weitere 180 Variationen gibt – beispielsweise Zubereitungen mit kleinen Gurken oder in Würfeln geschnittenem Rettich.

Kimchi geht um die Welt und verlässt sie

Lange war Kimchi außerhalb Koreas unbekannt, doch nun ist es in aller Munde: Auf der ganzen Welt wird Kimchi zubereitet, gegessen und gefeiert. Fest steht: Wo sich Koreaner niederlassen, dort muss es auch Kimchi geben. Sie sagen auch von sich selbst, dass sie es ohne Kimchi nirgends lange aushalten würden. Das hat die erste koreanische Astronautin Yi So-yeon bewiesen: Sie durfte Kimchi sogar mit auf die Internationale Raumstation bringen!

Der Kimchi-Kühlschrank

Kimchi wurde früher in traditionellen Tongefäßen gelagert. Heute verfügt fast jeder koreanische Haushalt über einen speziellen Kimchi-Kühlschrank, der meist in der Küche oder auf der Loggia steht. Dass Kimchi nicht im normalen Kühlschrank aufbewahrt wird, liegt nicht an seinem intensiven Geruch, sondern daran, dass es bei niedrigerer, gleichmäßigerer Temperatur und angepasster Luftfeuchtigkeit aufbewahrt werden sollte. Außerdem lässt sich hier das sogenannte Winter-Kimchi lange aufbewahren.

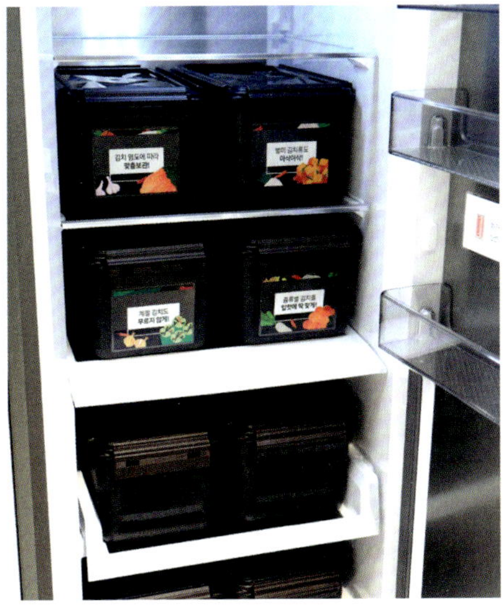

Ein Tisch voller Beilagen

Kimchi mag zwar die wichtigste Beilage sein, aber lange nicht die einzige: Zu jeder Tagesmahlzeit gehören eine Schale Reis sowie viele kleine Schalen mit Gerichten wie etwa *sigeumchi-namul* (gekochter Spinat mit Sesamöl und Sojasauce), *kongnamul-muchim* (Bohnensprossen mit Chili) und *japchae* (Glasnudeln mit Gemüse).

DESSERTS

Koreanische Süßspeisen

Bingsu

Der Nachtisch *bingsu* hat eine lange Tradition, denn bereits während der Joseon-Dynastie (1392–1897) genossen Koreaner an heißen Sommertagen Eisspäne mit frischen Früchten. Heute wird eine Portion *patbingsu* aus Milcheisspänen mit Adzukibohnenpaste, Getreidepulver und Reiskuchen zubereitet. Doch es gibt viele weitere kreative Rezepte wie zum Beispiel mit Matcha-Eiscreme oder mit Kaffeegeschmack. Am liebsten wird *mangobingsu* verspeist, denn derzeit liegen Süßspeisen und Erfrischungsgetränke mit Mango absolut im Trend.

Das Original aus Jeonju

Zwei bis drei Stunden dauert die Reise von Seoul nach Jeonju, wo es das beste koreanische *patbingsu* geben soll. In traditionellem Ambiente genießen die Koreaner hier das Original, das viel weniger stark gesüßt ist als in den hippen Seouler Cafés.

Kkwabaegi

Es ist luftig, gedreht, sündhaft süß und erlebt gerade sein großes Comeback: *Kkwabaegi* wird meist aus Klebreis- und Weizenmehl hergestellt, in dünne Streifen gezogen, frittiert und anschließend mit Zucker überzogen sowie mit süßen Toppings serviert. Bei Koreanern ruft Kkwabaegi nostalgische Gefühle hervor, weil sie sich als Kinder nach der Schule oft mit dieser Leckerei belohnten.

Ddungcaron

Die Bezeichnung *ddungcaron* ist eine Neuschöpfung und bedeutet in etwa »fettes Macaron« – und genau das ist es auch: ein viel zu dickes Macaron mit mindestens der dreifachen Menge an Füllung! Oft gibt es dazu noch leckere Toppings, oder es werden zusätzlich Kekse in die Füllung gesteckt. Ihre Beliebtheit verdanken sie vermutlich ihrem doppelten Süß-Sein: Koreaner mögen die niedliche Form genauso wie das zuckersüße Innere.

So wie bei Oma

Hangwa, die traditionellen koreanischen Süßwaren aus Reiskuchen, Früchten, Wurzeln und Gewürzen sowie Getränke aus Getreidemehl sind nach wie vor weit verbreitet und geschätzt in Korea. Aber es muss authentisch sein und so schmecken wie bei Oma, weniger süß und mit Liebe zubereitet.

Hotteok

Straßenverkäufer bereiten diese heißen Pfannkuchen mit einer süßen Füllung aus braunem Zucker, Zimt, gehackten Nüssen und Samen zu. *Hotteoks* sind günstig, und es macht Spaß, den Verkäufern bei der Zubereitung zuzusehen.

Dalgona-Plätzchen

Seit der Netflix-Serie *Squid Game* ist diese Karamellsüßigkeit wieder en vogue in Korea. Die Kekse haben in der Mitte ein Muster, das sich nach dem Abkühlen mit einer Nadel heraustrennen lässt. Doch anders als in der Serie geht es bei diesem Kinderspiel nicht um Leben und Tod. Gelingt das Heraustrennen, verschenken die Straßenverkäufer ein zweites Plätzchen – eine Wette, die man gefahrlos eingehen kann.

Hodu-gwaja

Das walnussförmige Konfekt *hodu-gwaja* ist eine lokale Spezialität aus Cheonan. Es ist mit einer süßen Paste aus roten Bohnen gefüllt, der Teig besteht aus Weizenmehl und zerstoßenen Walnüssen. Die Leckerei wird oft an Autobahnraststätten verkauft.

Minchodan, die Mintschokoladen-Armee

Man liebt Mintschokolade oder man hasst sie. In Korea fährt man total darauf ab! Als *minchodan* bezeichnen sich Foodies, die Fans von Mintschokoladen, -Kuchen, -Keksen, -Eiscreme und (bitte festhalten!) Mintschokoladen-Hähnchenkeulen sind.

돼지 왕갈비
손님
단골손님
마실리아
마실리아
신이 내린 축복·오징어
징어촌
사랑관
2F
마실리아
룸술집
SOJU & HOF
24시간영업
단체석완비
B1 2F 3F
Open 24Hours

ESSEN GEHEN

So speist und trinkt Korea

Essen verbindet

Dieser Spruch könnte hier nicht wahrer sein: Was anderswo vielleicht nur an Feiertagen üblich ist, gehört in Korea zum Alltag. Denn ein gutes Essen besteht jederzeit aus einer Vielzahl kleiner Schalen mit einem breiten Angebot verschiedener Beilagen, von denen sich alle bedienen. Nur eine Schale Reis und eine Schale Suppe gehören einem selbst, der Rest wird immer geteilt.

Traditionell essen

In vielen traditionellen Restaurants sitzen Gäste auf dem Boden an niedrigen Tischen. Am Eingang oder im abgesenkten Gang zwischen den Tischen, ziehen sie ihre Schuhe aus. Für Ungeübte kann das lange Sitzen im Schneidersitz eine Herausforderung darstellen, doch Koreaner sind dies seit ihrer Kindheit gewohnt. Viele Restaurants haben jedoch auf Bestuhlung umgestellt, und die Sitzbereiche, in denen man auf dem Boden Platz nimmt, sind nur noch selten zu finden.

Etikette

In Korea wird auf Tischetikette Wert gelegt – die wichtigsten Prinzipien sind:

- Reis und Suppe werden mit einem normalen Löffel gegessen, alles andere mit Essstäbchen.
- Aufgrund konfuzianistischer Tradition beginnt immer die älteste Person am Tisch mit dem Essen.
- Das Naseputzen bei Tisch gilt als unhygienisch.
- Alkoholische Getränke schenkt man sich nie selbst ein. Sie werden immer mit beiden Händen ausgeschenkt.
- Die eigene Portion Reis sollte immer aufgegessen werden, wenn man mit älteren Koreanern speist, da Reis jederzeit als kostbar galt.
- Essstäbchen dürfen nicht in das Essen gesteckt werden. Das erinnert an Opfergaben.
- Reis und Suppenschalen werden nicht in die Hand genommen (anders als in China und Japan).

Teehäuser

Koreanische Teehäuser servieren Teezubereitungen aus Blättern, Wurzeln, Rinden, Getreide und Samen. Viele dieser Teesorten werden wegen gesundheitsfördernden Wirkungen miteinander kombiniert, was eine Fülle an Rezepturen hervorgebracht hat. Im feuchtheißen koreanischen Sommer werden dagegen gerne Frucht-Eistees mit Quitte, Yuzu, Pflaume oder Dattel getrunken. Teezeremonien sind weniger formell als in den Nachbarländern China und Japan, was der Grund dafür sein dürfte, dass die Gestaltung koreanischer Teehäuser, das verwendete Geschirr sowie die Tee- und Gebäckauswahl unbeschreiblich facettenreich sind. *Hanok*-Teehäuser beeindrucken durch ihre traditionelle Bauweise, was den Teegenuss um ein besonderes Ambiente erweitert.

Speisen wie Buddha

Manche koreanischen Mönche verzichten bei ihrer Ernährung nicht nur auf Fleisch und Eier, sondern auch auf Frühlingszwiebeln, Knoblauch und Ingwer. Die Gerichte der Tempelküchen sollen nicht durch aphrodisierende Zutaten vom spirituellen Weg ablenken.

Fusionsrestaurants

Koreaner probieren gerne Neues aus, auch in der Küche. Manche Restaurants lassen sich ein stylishes Konzept einfallen, etwa das Prison Restaurant in Seoul, dessen Inneneinrichtung einem Gefängnis nachempfunden ist. Jedes Jahr gibt es einen neuen Trend, der heimische Gerichte mit den Aromen des Westens vereint – zum Beispiel *rose tteokbokki,* ein Reiskuchengericht, das statt in Chilisauce in einer Cremesauce serviert wird, Meeresfrüchteeintopf mit iranischem *tahdig* oder scharfe *bulgogi*-Pasta.

辛 라면 볶음면
4개입
paldo
왕뚜껑
NEW
해물라면
감자면
5개입
3분 OK
CCTV 녹화중입니다
2,880
틈새라면
맵부심
매운 김치
매운 카레
매운 짜장
극한체험
CHAI 7.9
4,200
3,680
5,350
김치

RAMYEON

Feurig-scharf

Ramen vs. *ramyeon*

Das wichtigste zuerst: Ramen sind nicht gleich *ramyeon.* Die kleine Differenz in der Schreibweise ist ein großer auf der Zunge. Denn ein japanisches Ramen-Gericht ist vornehmlich eine frisch zubereitete Nudelsuppe, während das koreanische Pendant, *ramyeon,* oft als feurig-scharfe Instantnudeln daherkommt.

Die schnellste Mahlzeit

Eine Packung *ramyeon* besteht oft aus gewellten Nudeln, gefriergetrocknetem Gemüse und einem Suppenpulver – manche enthalten noch ein Tütchen Sesam- oder Olivenöl. *Ramyeon* werden immer dann gekocht, wenn es schnell gehen muss, und das ist nicht selten: Jeder Koreaner verspeist im Schnitt etwa 75 Packungen im Jahr. Wenig überraschend: Es sind die Studenten, die die meisten *ramyeon* verputzen.

Finessen der Zubereitung

Die meisten *ramyeon*-Gerichte sind in etwa fünf Minuten zubereitet, empfohlen wird die höchste Hitzestufe. Liebhaber essen ihre Nudeln gerne etwas al dente. Um dies zu erreichen, werden die Nudeln öfter aus dem kochenden Wasser gehoben, oder die empfohlene Garzeit wird unterschritten. Koreaner sind sich jedoch uneins, ob man zuerst die Nudeln oder zuerst das Pulver ins Wasser geben soll, um den Geschmack zu intensivieren.

Upgrading *ramyeon*

Aus einer einfachen Portion *ramyeon* ist schnell ein De-luxe-Fertiggericht gezaubert: Viele *ramyeon*-Köche verfeinern ihre Instantnudeln mit frischem Gemüse, Eiern, Tofu oder sogar Käse und Mayonnaise. Auch mit einem Esslöffel Zucker, einigen Sesamblättern und Knoblauch können die Nudeln veredelt werden. Manche *ramyeon* schmecken besonders intensiv, wenn man sie zunächst ohne Suppenpulver kocht, das meiste Wasser wegschüttet und erst dann das Pulver hinzugibt – doch das ist wohl nur etwas für *ramyeon*-Profis.

Trocken gehts auch

Manche essen *ramyeon* so, wie sie aus der Packung kommen – wortwörtlich. Denn wenn mal kein heißes Wasser zur Verfügung steht, reicht ein kräftiger Schlag auf die Packung, und die Nudeln sind innen zerbrochen. Jetzt nur noch das Suppenpulver darüberstreuen, und fertig ist der knusprig-salzige Snack. Gesund ist das nicht. Doch das hielt noch nie einen Konzern davon ab, eine findige Idee umzusetzen: »Ppusyeoppusyeo« ist der Name eines Snacks für Schüler, der direkt so verspeist werden kann und überhaupt nicht dazu gedacht ist, gekocht zu werden.

Die Nummer eins

Der ungeschlagene Sieger unter den koreanischen Instantnudeln ist Shin Ramyun. Diese feurige Nudelsuppe ist der absolute Klassiker und hat längst Kultstatus erreicht – auch über die Landesgrenzen hinaus. Ihr Erfolg geht auf das scharfe Würzpulver und wahrscheinlich auf die Tatsache zurück, dass sich ihre Rezeptur und das Verpackungsdesign seit ihrer Markteinführung 1986 nur minimal verändert haben. Shin Ramyun hat sich daher sicher einen festen Platz in der koreanischen Kultur und Identität verdient.

„Echte" *ramyeon*

Die beiden großen Nudelsuppenhersteller Nongshim und Ottogi haben sogenannte *jinjja-ramyeon* im Sortiment. Diese sollen wie frische Nudeln schmecken. Auch das Suppen- und Soßenpulver verleiht den *ramyeon* einen noch konzentrierteren Geschmack.

Eine oscarreife Mischung

Koreaner tauschen sich häufig darüber aus, welche *ramyeon*-Sorten gut miteinander gemischt werden können. Seit der koreanische Film *Parasite* bei der Oscarverleihung abräumte, ist das Fusionieren von *ramyeon* auch eine internationale Disziplin geworden, denn im Film werden die Sorten Chapagetti und Neoguri gemischt. Das Ergebnis nennt sich Jjapaguri und ist seitdem bei *ramyeon*-Fans auf der ganzen Welt beliebt.

REIS

Mehr als ein Grundnahrungsmittel

Keine Selbstverständlichkeit

Reis kam in Korea schon vor vielen Hundert Jahren eine besondere Bedeutung zu. Er war nicht nur ein Grundnahrungsmittel, sondern auch ein Symbol des Lebens und des Wohlstands, denn im gebirgigen Korea ist der Reisanbau nicht leicht. Nur wer genug Reis einlagern konnte, überstand die harten koreanischen Winter.

Morgens, mittags, abends

Zum Frühstück gibt es selbstverständlich kein Brot in Korea – das gilt eher als Süßspeise oder Snack, jedoch nicht als richtige Mahlzeit. Reis hingegen wird zu jeder Mahlzeit gegessen. Doch Reis ist nicht gleich Reis: Koreaner kennen eine Vielzahl an hochwertigen Reissorten wie braunen Reis, schwarzen Reis oder Wildreis. Gerne mischen sie diese Sorten mit Bohnen und Samen. Das erhöht neben dem Nährwert auch den Geschmack und sorgt für Abwechslung.

Reis in der Sprache

Der Stellenwert von Reis in der koreanischen Gesellschaft wird besonders in der Sprache deutlich. Das Wort für Mahlzeit ist gleichzeitig das Wort für Reis: *bap.*

Als Basiszutat

Aus Klebreismehl werden viele typische koreanische Speisen gemacht: *tteogppeong,* ein einfacher Snack, den Mütter ihren Babys geben, oder *nurungji,* eine Reiskruste, die in Suppen oder als süßes Dessert gegessen wird, aber auch *tteok* (Reiskuchen), *ssal-twibap* (gepoppter Reis) und Reiskuchen. Viele Getränke basieren ebenfalls auf Reis, darunter das süße Erfrischungsgetränk *sikhye* sowie natürlich viele koreanische Alkoholsorten.

Reiskocher

Dampfdruck-Reiskocher in Korea sind ein wahres Wunder der Technik: Sie lassen sich programmieren, kochen den Reis in verschiedenen Modi, singen ein Lied, wenn der Reis fertig ist, und sparen auch ansonsten nicht mit ihren vielen Geräuscheffekten.

MEGA
BIG SIZE
MGC
MEGA TASTE
MEGA SMILE
MEGA
SIZE
Americano!
MEGA MGC COFFEE
아메리카노
1,500원

CAFÉS

Angesagte Kaffeekultur

Kaffeegenuss in Korea

Obwohl auf der koreanischen Halbinsel seit Tausenden von Jahren eine vielseitige Teekultur herrscht, darf sich Südkorea der größte Kaffeekonsument in Asien nennen. Bis in die 2000er-Jahre tranken Koreaner ausschließlich die typischen Instantkaffees, dann stieg plötzlich das Interesse an frisch gebrühtem Kaffee, und es bildete sich eine einzigartige Kaffeekultur. Schätzungsweise existieren in Korea mehr als 70.000 Cafés. Keine andere Stadt hat mehr Cafés als Seoul. In der Metropole gibt es auch mehr Starbucks-Filialen als in jeder anderen Großstadt auf der Welt. Doch der Kaffee wird nicht ausschließlich im Café mit der grünen Meerjungfrau getrunken: Außerordentlich beliebt sind auch heimische Ketten wie Ediya Coffee, Caffé Bene, Paik's Coffee, Tom N Toms, Mega MGC Coffee und Angel-in-us Coffee.

Themencafés

Erst wenn Besucher die Welt der großen Caféketten verlassen, eröffnet sich ihnen die Welt der modernen koreanischen Kaffeekultur. Viele Themencafés haben sich – wie der Name schon sagt – einem ganz bestimmten Thema gewidmet, und für jeden (Kaffee-) Geschmack ist etwas dabei: So haben zum Beispiel die Gäste von Board-Game-Cafés eine große Auswahl an Brettspielen, und in DJ-Cafés können sie sich als Discjockey versuchen. Kaffeegenießer schlürfen ihr Heißgetränk auch gerne in einem der Cartoon-Cafés der Kette GREEM CAFE, die die Gäste glauben macht, sie befänden sich direkt in einem Schwarz-Weiß-Zeichentrickfilm.

Spezialitäten

Koreaner stehen auf zuckersüße Kaffeekreationen wie Toffee Nut Latte, Popcorn Latte, Tiramisu Latte und Mint Mocca – je ausgefallener, desto besser. Im Sommer sind schlichte Eiskaffees und Americanos gefragt. Auf den Speisekarten der Cafés stehen auch angesagte koffeinfreie Heißgetränke wie Getreidekaffeesorten, Matcha Latte, Chrysanthementees sowie natürlich eine schier unendliche Bandbreite an Kuchen und Gebäck in den verschiedensten Formen und Farben.

Im Trend: Dalgona Coffee

Eine aus Macau stammende Kaffeespezialität wurde von dem Schauspieler Jung Il-woo in einer amüsanten Feinschmecker-TV-Sendung vorgestellt. Er gab der Kreation den Namen Dalgona-Kaffee, weil ihn das Getränk an Dalgona-Plätzchen erinnerte. Da sich die Milch unten befindet und der Kaffee aus einer cremigen Masse besteht, ist er ausgesprochen fotogen und wurde über Nacht zum Internetphänomen. Jedes hippe Café in Korea hatte den Kaffee fortan auf der Getränkekarte.

Besuch im Streichel-Café

In Seoul ist es eng, und nicht jeder Tierliebhaber hat Platz für ein Haustier. Durch den Zeitdruck bei der Ausbildung und auch später im Berufsleben bleibt der Wunsch nach einem Vierbeiner für viele Koreaner unerfüllt. Doch traurig brauchen sie nicht zu sein, denn glücklicherweise gibt es viele Tier-Cafés, in denen vierbeinige Freunde herumwuseln. Wenn der Caramel Macchiato dann auch noch gut schmeckt, lohnt sich der Besuch gleich doppelt. Leider werden in einigen Cafés auch Tiere gehalten, die in einer der größten Städte der Welt nicht gehalten werden sollten – darunter Schafe, Waschbären, Erdmännchen und Reptilien. Unbedenklich ist sicher ein Besuch im Jibsauiharu, einem Katzencafé in Hongdae, das ausschließlich gerettete Straßentiger beherbergt.

REGIONALE KÜCHE

Spezialitäten aus dem ganzen Land

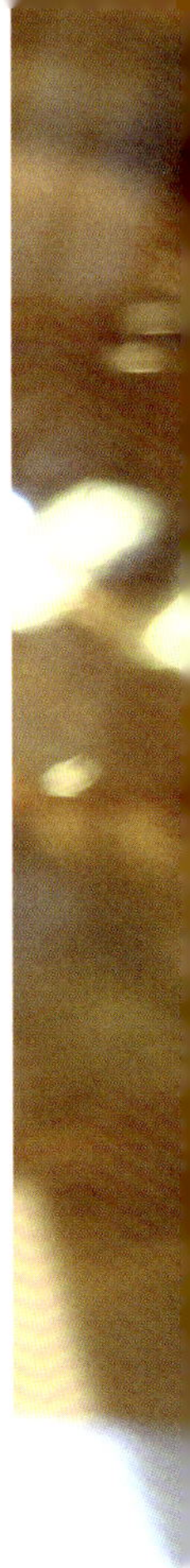

Kulinarische Vielfalt

Wegen des scheinbar endlosen Angebots an Restaurants und Imbissen gibt es in Seoul keine kulinarische Begierde, die nicht befriedigt werden kann. Dennoch fahren Koreaner während ihres Urlaubs, oder um Verwandte zu besuchen, gerne in die Provinzen ihres Landes, um die jeweiligen Spezialitäten dort zu verspeisen, woher sie stammen.

Bibimbap

Aus Jeonju stammt ein Gericht, das mittlerweile in anderen Ländern angesagt ist (das wurde auch Zeit, denn das Originalrezept ist bereits viele Hundert Jahre alt). Die Basis von Bibimbap bilden Reis, Rindfleisch und eine scharfe Chilipaste. Hinzu kommt Gemüse wie Bohnensprossen, Shiitake-Pilze, Spinat und etwas Rettich. Eine besondere Variation ist das *dolsot bibimbap,* bei dem die Zutaten in einem heißen Steintopf am Tisch gegart werden.

Naengmyeon

Das kalte Nudelgericht *naengmyeon* stammt ursprünglich aus Nordkorea. Die Nudeln bestehen aus Buchweizen oder Süßkartoffeln und werden entweder mit Chilipaste zubereitet oder in einer Suppe serviert. Abgeschmeckt wird das Ganze mit Senf und Essig. Eine besondere Variation namens *milmyeon* stammt aus Busan und ist wegen ihrer besonderen Würze sehr begehrt. Bei modernen Rezepten werden die Nudeln mit Matcha-Pulver hergestellt, und an heißen Sommertagen wird die Suppenbrühe halb gefroren serviert, damit das Gericht erfrischend kalt genossen werden kann.

Bulgogi

In Eonyang wurde das Grundrezept einer nordkoreanischen Nationalspeise verfeinert: *Bulgogi* heißt übersetzt »Feuerfleisch« und ist ein klassisches Grillgericht, bei dem mariniertes, in dünne Streifen geschnittenes Rindfleisch auf einem Grill gegart wird.

Jajangmyeon

Chinesische Arbeiter, die Anfang des 20. Jahrhunderts in Incheon ein neues Zuhause gefunden hatten, brachten dieses Nudelgericht mit seiner charakteristisch schwarzen Sauce aus fermentierten Bohnen und Weizenmehl nach Korea. Die Rezeptur wurde mit der Zeit den koreanischen Geschmacksvorlieben angepasst. *Jajangmyeon* werden mit Fleisch oder Tofu und Gemüse wie Zwiebeln, Kartoffeln und Erbsen kredenzt.

Jjolmyeon

Ebenfalls aus Incheon soll das Rezept für *jjolmyeon* stammen: Der Legende nach ist es in den 1970er-Jahren durch Zufall entstanden, als ein Snackrestaurant eine fehlerhafte Charge Nudeln mit einer Sauce aus Chilipaste, Sesam, Essig und Zucker servierte. Die bissfesten Nudeln kamen so gut an, dass das neue Gericht bald im ganzen Land bekannt war. Heute ist *jjolmyeon* einer der beliebtesten Snacks bei jungen Koreanern.

Budae-Jjigae

Die Rezeptur für diesen »Armee-Eintopf« stammt aus Uijeongbu, wo nach dem Koreakrieg einige US-Militärbasen errichtet wurden. Sie verbindet einige typische koreanische und amerikanische Zutaten miteinander: In die Brühe kommen *ramyeon,* Kimchi und Reiskuchen – aber auch Käse, gebackene Bohnen und Spam-Dosenfleisch.

Chodang-dubu

Der Tofu aus Chodang ist etwas Besonderes, denn er wird mit Meerwasser versetzt und für Gerichte verwendet, die einen weichen Seidentofu erfordern – beispielsweise koreanische Hotpots, die sich mehrere Leute teilen. Eigentlich heißt Seidentofu auf Koreanisch *sundubu,* doch in in dem Dorf Chodang nennt man es mit Stolz *chodubu.*

With
University Takoyaki

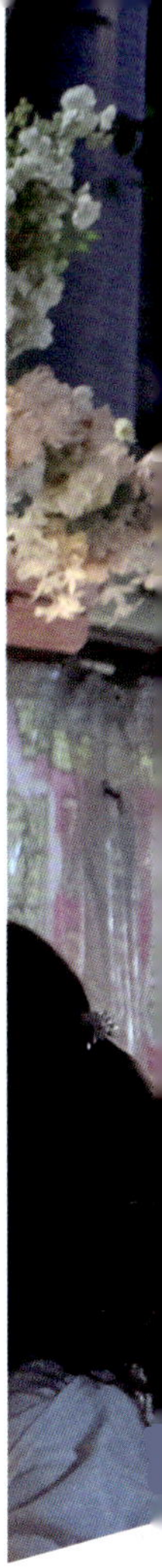

STREET-FOOD

Köstliche Snacks am Straßenrand

Straßen-Esskultur

Nach dem Koreakrieg stand in Seoul kein Stein mehr auf dem anderen. Das führte dazu, dass günstiges Essen nur noch auf der Straße zu kaufen war. In kleinen Zelten und an einfachen Ständen und Wägen bieten auch heute noch viele Straßenverkäufer leckere Snacks an. Wie tief Streetfood in der Gesellschaft verankert ist, kann man in koreanischen Filmen und Serien sehen: Jede Figur legt regelmäßig einen Stopp ein, um an einem der typischen Straßenständen einen leckeren Snack zu erstehen.

Pojangmacha

Die *pojangmacha* sind keine gewöhnlichen Imbisswagen, denn hier finden Koreaner sich wegen *anju* ein, einem mitternächtlichen Happen mit einem oder mehreren alkoholischen Getränken. Superpraktisch: *Pojangmacha* sind überall dort zu finden, wo sich Arbeitswege kreuzen und Menschen gerne feiern gehen.

Indoor-Streetfood

Manche Bars in Korea haben den Stil der *pojangmacha* aufgegriffen und verkaufen Bier, *soju* und Snacks in einem Ambiente, das an die Wagen der Straßenverkäufer erinnert. Doch Koreaner beklagen sich gerne darüber, dass die Preise hier höher sind als auf der Straße. Eine Alternative sind sogenannte *bunsik*-Restaurants, die ohne erzwungenen *pojangmacha*-Charme günstige Streetfood-Snacks anbieten.

Gamja-Hotdog

Die koreanische Variante des Corn Dog aus den USA wird auch gerne K-Hotdog, Kor-Dog oder K-Dog genannt. Als *gamja-*Hotdog bezeichnet man einen Snack mit Würstchen oder Käse am Spieß, der in eine Panade aus Kartoffelwürfeln und Maisteig getaucht und dann frittiert wird. Gegessen wird er wahlweise mit Senf, Ketchup oder Mayonnaise.

Tteokbokki

Dieser Klassiker ist der Streetfood-Favorit vieler Koreaner und gleichzeitig ein recht einfacher Snack: Reiskuchen in einer scharfen Chilisauce. Oft werden *tteokbokki* auch mit *ramyeon, mandu* und Frühlingszwiebeln gegessen. *Tteok-kkochi* wiederum sind Spieße mit mehreren Reiskuchen in einer Reihe, die außen ausgesprochen knusprig und innen sehr zart sind.

Mandu

Die kleinen Teigtaschen mit Fleisch, Kimchi- oder Gemüsefüllung werden entweder gedünstet oder als *gunmandu* angebraten. In vielen Restaurants werden *mandu* auch als Vorspeise serviert.

Dakgangjeong

Für *dakgangjeong* wird Hähnchenfleisch doppelt frittiert, damit es eine dicke und knusprige Panade bekommt. Das Fleisch wird in einer süß-scharfen Soße serviert und mit etwas Sesamkörnern bestreut. Verschiedene Varianten dieses Gerichts werden gerne zusammen mit Bier genossen. Diese Kombination ist als *chimaek* bekannt geworden – eine Wortschöpfung aus dem englischen *chicken* und *maekju,* dem koreanischen Wort für Bier.

Jeon

Das pfannkuchenähnliche *jeon* wurde bereits vor Hunderten von Jahren in der königlichen Hofküche zubereitet. Es ist in unterschiedlichen Variationen zu haben: mit verschiedenen Meeresfrüchten, Kimchi, Fleisch, Frühlingszwiebeln, Pilzen, Auberginen, Chrysanthemenblättern und vielem anderen mehr.

Gimbap

Gimbap ist in getrocknete Algenblätter eingerollter Reis mit Karotte, Spinat, Klettenwurzel, eingelegtem Rettich, Fleisch und Ei. Koreaner verspeisen diese leckeren Rollen gerne als Snack oder auch zum Mittag. Obwohl klassisches *gimbap* ohne Dip gegessen wird, gibt es viele verschiedene Varianten, die in würzige Saucen getaucht werden. Sehr populär ist das *kkoma-gimbap,* eine Miniaturversion des Klassikers.

참이슬
fresh

SUL

Trinkkultur in Korea

Trinkfest

Korea trinkt mehr Alkohol als jede andere asiatische Nation. Der Konsum von Alkoholischem ist fest in der Gesellschaft verankert, er hilft dabei, die konfuzianistische Strenge zu überwinden, und bringt Menschen zusammen, die sonst zu schüchtern oder distanziert sind. Alkoholische Getränke sind günstig in Korea und überall zu haben.

Suljib

Bars haben hierzulande einen einfachen Namen: *Suljib* bedeutet wörtlich übersetzt Alkoholhaus. Doch anders als ihr Name suggeriert, sind koreanische Bars immer ein bisschen besonders. Dazu gehören die sehr entspannte Atmosphäre, in der Koreaner ihre Freundschaften pflegen, und viele leckere Snacks. Manche Bars verfügen auch über Separees, in denen man mit seinen Freunden ganz ungestört feiern kann. Eine Bedienung kann ganz einfach per Knopfdruck herbeigerufen werden.

Soju

Die typischen grünen Fläschchen, die überall in Korea zu sehen sind, enthalten das populäre *soju,* einen Reisschnaps, der wie ein leicht süßlicher Wodka schmeckt. Er wird bei jeder erdenklichen Gelegenheit getrunken und manchmal sogar mit Bier oder Apfelwein gemischt. Der Alkoholgehalt von *soju* beträgt meist 21 Prozent – nur der Reisschnaps aus der Region Andong enthält immer etwas mehr.

Makgeolli

Traditionell wird dieses Reisbier in kleinen Schüsseln serviert, in Geschäften ist es jedoch auch in Flaschen erhältlich. Lange Zeit galt *makgeolli* als das Getränk der Arbeiterklasse und wurde bis zuletzt immer seltener konsumiert, doch nun erfreut es sich wieder steigender Beliebtheit. Es wird aus Reis, Hefe und einem Schimmelpilz gebraut. Typisch sind seine milchige Farbe und sein süßes Aroma.

Moju

In Seoul an eine Flasche *moju* zu kommen, ist sehr schwierig, denn diese lokale Spezialität wird nur in Jeonju verkauft. Sein orientalisches Aroma verdankt es der Rezeptur aus *makgeolli,* Ginseng, Zimt, Ingwer, Pfeilwurzwurzeln und Früchten. Manche schätzen *moju* so sehr, dass es jüngst auch als Geschmacksgeber für Eiscreme, Tee und Schokolade verwendet wird – allerdings auch wieder nur in Jeonju.

Trinkspiele

Trinkspiele sind besonders unter Studenten weit verbreitet. Am beliebtesten sind rhythmische Sprechchöre, bei der die Mitspieler bestimmte Regeln genau beachten müssen, sonst muss getrunken werden. Mit steigendem Alkoholpegel wird dies natürlich beständig schwerer.

Hoesik

Das ist Teambuilding auf Koreanisch: Beim *hoesik* geht man – gern oder ungern – mit seinen Arbeitskollegen mehrmals in der Woche etwas trinken. Dabei bestimmen oft die Vorgesetzten, worüber gesprochen und wie viel getrunken wird.

Den Kater bekämpfen

Weil in Korea so gerne und so viel getrun-ken wird, gibt es auch jede Menge Produkte und Methoden, den unausweichlichen Kater zu bekämpfen. Manche schwören auf eine Portion *ramyeon* oder eine Schüssel koreanischen Eintopf zum Frühstück, andere greifen zu Grapefruit-Eiscreme oder Katerheilmitteln wie Condition, 808 Dawn und Morning Care.

K TRENDS

Trendiges Korea

Der rasante Lifestyle in Korea bringt immer wieder neue Trends hervor. Viele davon verschwinden so schnell, wie sie gekommen sind, doch manche können sich fest etablieren, und einige wenige blühen sogar ein weiteres Mal auf. Auch der Umgang mit traditionellen Werten und gesellschaftlichen Geläufigkeiten aus dem Alltag vermengt sich auf aufregende Weise mit der Moderne. So waren Tattoos in Korea lange Zeit ein absolutes Tabu, doch die junge Generation bricht derzeit hiermit. Wieder anders verhält es sich mit dem traditionellen *hanbok,* der seit einiger Zeit ein Revival in der koreanischen Modewelt erlebt. Ohnehin werden Koreaner von den Menschen in Ost- und Südostasien für ihren Modegeschmack gefeiert. Darüber hinaus begeistern sich Hunderttausende Internetnutzer für Themen wie K-Beauty, und die hochgeschätzte plastische Chirurgie in Korea lockt immer mehr Schönheitstouristen ins Land.

LONDI

K-FASHION

Koreanische Mode

Die Branche boomt

Es ist kein Geheimnis, dass Koreaner nicht nur ein besonderes Gespür, sondern auch ein kreatives Händchen für Fashion haben. Die Modebranche ist vielfältig, und der absatzstarke Export koreanischer Popkultur sorgt für ein beachtliches Wachstum. Junge Designer, TV-Stars und Idols des K-Pop haben einen großen Einfluss auf den jeweils nächsten Fashiontrend.

Fashion-Input aus Seoul

Modemetropolen wie New York, Paris und London gaben lange Zeit die neusten Looks und Trends vor, doch nun weht ein frischer Stylingwind aus Seoul. Zuerst Asien und jetzt der Rest der Welt: Modebegeisterte von überall finden exklusive Outfitideen in Koreas Hauptstadt, wenn sie lässig mit schick kombinieren wollen – der typische moderne Seouler Look.

Korean Style

Der koreanische Modestil mischt Lässigkeit mit Streetwear, ganz bescheiden, ohne große Markenlogos. Dabei schrecken die Designer vor Rüschen, Spitzen und verspielten Prints nicht zurück. Die jungen Leute mögen lockere und bequeme Kleidung, in der sie aber immer perfekt aussehen. Sie entscheiden sich oft zwischen zwei Prinzipien: einem farblich schlichten Outfit und einem fröhlichen Sommerlook.

Weit, lang und lässig

Die wenigsten Kreationen der Modeschöpfer sind derzeit körperbetont, Koreaner tragen derzeit gerne weite, manchmal geradezu ausladende Kleidung. Im Besonderen sind Trenchjacken und legere Mäntel angesagt. Diese haben meist einen neutralen Schnitt und können von allen Geschlechtern gut getragen werden. Der Longblazer ist ein weiteres Lieblingsstück – ob er nun mit High Heels oder weißen Sneakern kombiniert wird, er darf in keiner koreanischen Garderobe fehlen.

Minimal Look

Der größte koreanische Männermodetrend aus dem Jahr 2022 ist der Minimal Look: In eine weite, meist schwarze Hose mit Bügelfalten wird ein schlichtes weißes T-Shirt oder Hemd gesteckt, dazu gehören ein unauffälliger Gürtel und einfache Sneaker – fertig ist das Minimal-Outfit. Der Grund für die Beliebtheit dieses Trends ist, dass von diesen modischen Outfits eine klare Ästhetik ausgeht und dass diese sehr vielen Männern gut stehen.

Modedesigner

Koreas bekannteste junge Modeschöpfer sind Hyein Seo, die schon früh mit ihrer Streetwear Stars wie Rihanna begeisterte, Hee Jin Kim, die ihren Style und die Linien ihres Labels Kimmy J immer mehr erweitert, sowie Minju Kim. Letztere dürfte vielen Zuschauern der ersten Staffel der Netflix-Serie *Next in* Fashion ein Begriff sein: Als Siegerin der Show ist sie berühmt für ihre gewagte und verspielte Ästhetik. Auch Idols wie der Rapper G-Dragon und Dara von 2NE1 verzaubern nicht nur ihre Fans, sondern auch die Modewelt mit originellen Fashionkreationen.

Outdoor Fashion

In Korea tragen Outdoorbegeisterte selbst bei einer einfachen Wanderung teure Funktionskleidung in grellen Farben – ganz so, als befänden sie sich auf einer Himalaya-Expedition. Diese Fashion war bis vor der Corona-Pandemie hauptsächlich bei älteren Koreanern zu finden, doch dann wanderten viele junge Leute die Berge hinauf, die den allgemeinen Outdoor-Look mit eher unauffälligerer Trainingskleidung kombinierten und so ein wenig auf den Modeteppich zurückholten.

Auffällig unauffällig

In den Szenevierteln gibt es immer mehr Koreaner, die mit ihren individuellen Looks aus der Masse herausstechen: Sie vermischen unterschiedliche Stile, tragen gewagt geschnittene Kleidung und scheuen auch keine schrillen Farben. Andere wollen mit ihrem Outfit nicht allzu sehr auffallen. Sie wählen ein Styling, das gerade hip und angesagt ist, und achten weniger darauf, ob es wirklich zu ihnen passt – dennoch wird das in Korea als sehr modebewusst angesehen und entsprechend honoriert.

Das ROKA-T-Shirt

Als Wehrpflichtige ihr ROKA-T-Shirt (R.O.K.A: Republic of Korea Army) nach Beendigung ihres Dienstes auch in der Öffentlichkeit trugen, schufen sie damit einen Modetrend. Das militärische T-Shirt lässt sich gut mit vielen Casual-Looks kombinieren. Auch Frauen begannen damit, es in ihr Outfit einzubauen, was zu Beginn für eine Kontroverse sorgte, denn sie müssen keinen Wehrdienst leisten. Doch nun ist das schlichte schwarze T-Shirt als modisches Kleidungsstück für alle Geschlechter akzeptiert.

PERSÖN-LICH-KEITSTEST

Charakter und Schicksal

Tests: Dauerbrenner in Korea

Viele Menschen in Korea haben großen Spaß an allen möglichen Tests, die etwas über die Persönlichkeit aussagen. Die Tests tauchen meist auf Social Media auf, doch man kann auch Wahrsager konsultieren. Es geht dabei entweder einfach nur um den Ort, an dem man seinen ersten Kuss erleben wird, darum, welches Tier zu einem passt, oder eben darum, wer man eigentlich ist. Die Ergebnisse liefern zwar nur einfache Antworten, sind aber auch Material zur Selbstbestätigung, zum Herumspinnen und manchmal zum Träumen.

Die vier Säulen des Schicksals

Die Persönlichkeit einer Person kann mittels *saju* bestimmt werden. Der Berechnung liegt der 60-Tage-Zyklus des traditionellen chinesischen Kalenders zugrunde. »Die vier Säulen des Schicksals« ist eine Art Astrologie, die schon seit vielen Jahrhunderten praktiziert wird und immer noch von vielen konsultiert wird. *Gwansang* nennt sich das Gesichtslesen in Korea, das, ähnlich wie *saju,* das Ziel hat, mehr über das Schicksal oder die Zukunft eines Menschen aussagen zu können.

Der MBTI-Hype

Der Myers-Briggs-Typenindikator ist ein Test, der auf den psychologischen Typen von Carl Gustav Jung basiert. In den letzten Jahren ist um den MBTI-Test ein Riesenhype entstanden, hauptsächlich weil K-Pop-Idols und Talents ihre Ergebnisse veröffentlicht hatten. Mit dem zusätzlichen MBTI-Matches-Test können Fans herausfinden, ob ihr MBTI-Typ zu dem ihres Schwarms passt oder nicht. Natürlich haben sich auch berühmte Entertainer in Fernsehshows wie *Infinity Challenge* zum Vergnügen der Zuschauer testen lassen.

Blutgruppentest

Über die Hälfte der Koreaner ist überzeugt, dass die Blutgruppe eine wichtige Rolle in einer Partnerschaft spielt. Zeitgenossen mit Blutgruppe 0 gelten als tolerant und vielseitig, während diejenigen mit Blutgruppe B als egozentrisch, launisch und extrovertiert angesehen werden. Beim Dating auf jemanden mit Blutgruppe B zu treffen, bedeutet für Koreaner daher wohl ein Worst-Date-Szenario.

TATTOOS

Ein heimlicher Trend, der unter die Haut geht

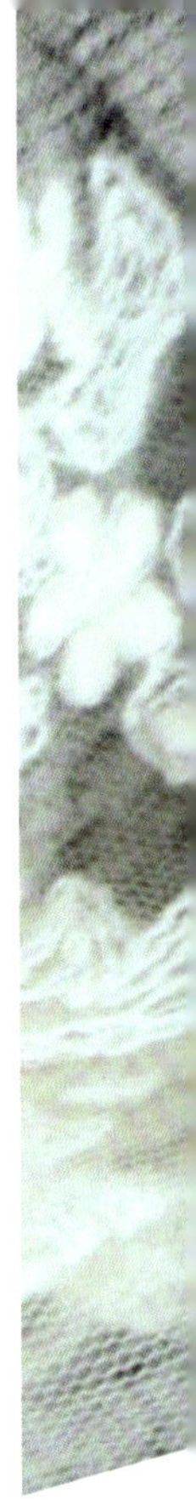

Nicht gerade konfuzianistisch

Während in Deutschland jeder Fünfte ein Tattoo trägt, ist dies in Korea noch ein kleiner Aufreger: Tattoos widersprechen dem Konfuzianismus, von dem die Gesellschaft hier so stark geprägt ist. Der Harmonie in zwischenmenschlichen Beziehungen wird eine größere Bedeutung beigemessen als der Selbstverwirklichung. Nach traditionellem Verständnis stören daher bunte Bilder, Muster und Schriftzüge auf der Haut diese Harmonie und gelten als respektlos.

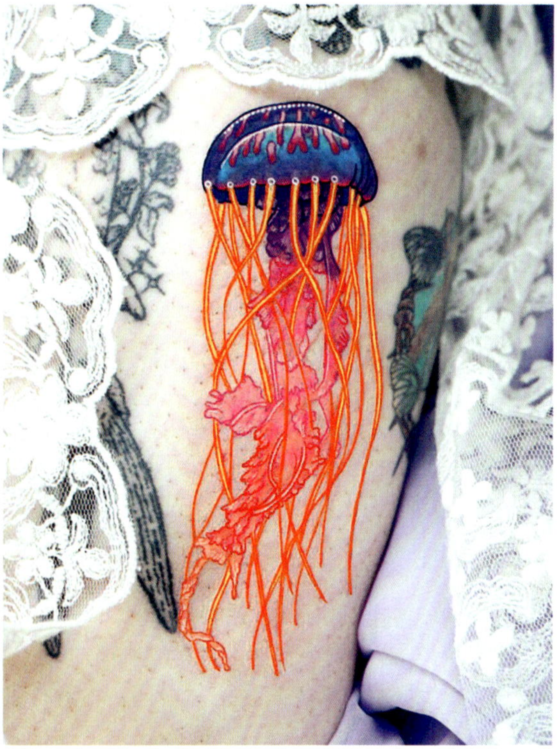

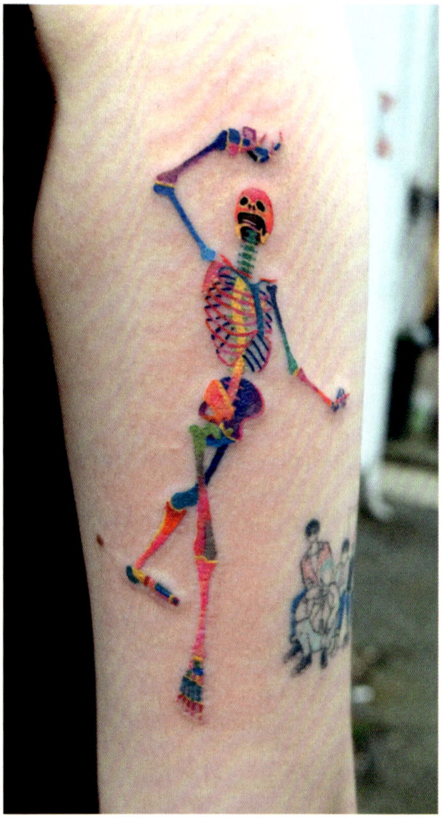

Legal oder illegal?

Während Tattoos gerade bei der jüngeren Generation immer gefragter werden, verhindern die gesetzlichen Vorschriften, dass sich der Trend gänzlich im Mainstream durchsetzen kann. Nur Tätowierer, die eine medizinische Zulassung haben, dürfen in Korea als solche tätig werden. Es wird geschätzt, dass aus diesem Grund etwa 20.000 Tätowierer illegal arbeiten.

Underground Artists

Viele Tätowierer praktizieren im Untergrund – entweder von zu Hause aus, oder ihr Studio ist als Beautyshop oder Ähnliches getarnt. Kunden finden sie über Social Media, zum Beispiel unter *#koreatattooshop* auf Instagram. Viele koreanische Tätowierer haben sich einen exzellenten Ruf »erstochen«, sodass ihnen selbst Hollywoodgrößen wie Brad Pitt hin und wieder einen Besuch abstatten.

Das Gangsterimage

Jahrhundertelang schmückten Tätowierungen allein diejenigen, die am Rande der Gesellschaft standen: Kriminelle, Sklaven und Prostituierte wurden mit einem dauerhaften »Zeichen der Schande« versehen. Im 20. Jahrhundert demonstrierten dann die *jopok* (koreanische Gangster) mit Tattoos ihre Zugehörigkeit zu einer bestimmten Gang. Dieses negative Image haben Tätowierungen in Korea noch nicht ganz abschütteln können. Den traditionellen Begriff *munsin* verbinden viele Koreaner mit Gewalt und Verbrechen. Das Wort »Tattoo« wird hingegen eher mit Mode, Trends und Beauty assoziiert.

Idols machen es vor

Viele Musiker zeigen mit ihren Tattoos, dass sie sich nicht länger anpassen wollen: Die Rapper Jay Park und Zico sind für ihre großflächigen Tätowierungen bekannt. Hyuna trägt ihr auffälligstes Tattoo auf der Schulter: einen großen Schriftzug, der ihrer Mutter gewidmet ist. Dezente kleine Motive trägt Taeyeon, die Leadsängerin von Girls' Generation, und G-Dragon von Big Bang hat sich passenderweise einen Dragonball tätowieren lassen. Aus »Rücksicht« auf die Zuschauer werden die Tätowierungen bei Auftritten im TV jedoch weichgezeichnet oder überdeckt.

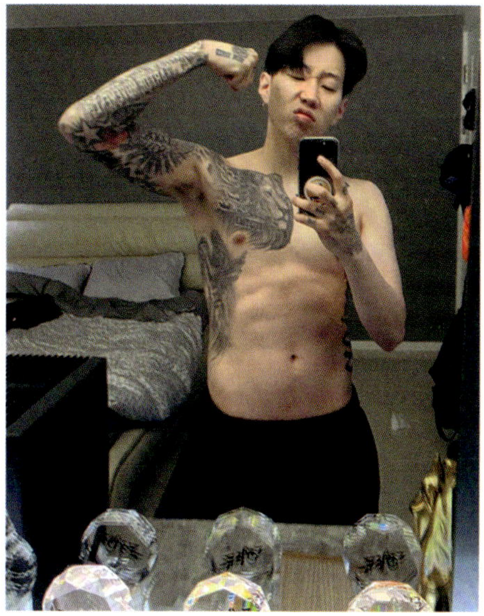

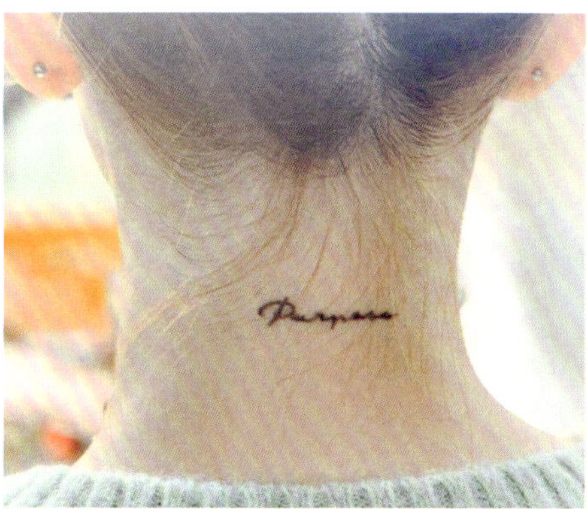

Eine falsche Entscheidung

Mit 55 Prozent ist der Anteil der tätowierten Koreaner, die sich ein Tattoo wieder entfernen lassen würden, wenn es ihnen irgendwann nicht mehr gefällt, recht hoch. In den USA sind es lediglich elf Prozent und in Deutschland etwa 25 Prozent, die eine Tattooentfernung in Erwägung ziehen oder bereits durchgeführt haben.

K-BEAUTY

Kosmetiktrends

Koreanische Kosmetikprodukte

Als Beautykonsumenten sind die Koreanerinnen äußerst anspruchsvoll, was sich auch an dem schier endlosen Angebot an Kosmetika im Land bemerkbar macht. Zwar stehen auch teure Hautpflegegeräte wie LED-Masken, Gesichtsmassage- und Reinigungsapparate zur Auswahl, aber die Pflege mit BB-Creams, CC-Creams, Tuchmasken und Make-up-Kissen gehört zum Pflegestandard bei K-Beauty. Bevorzugt werden Produkte mit natürlichen Inhaltsstoffen, die sehr hautverträglich, aber dennoch effektiv sind.

Die Schönheitsphilosophie

Als Schönheitsideal gilt eine makellose, straffe Haut und ein ebenmäßiger Teint. Koreanerinnen legen daher in erster Linie Wert auf gute Hautpflege. Die K-Beauty-Philosophie besagt, dass der wichtigste Schönheitsfaktor die Aufrechterhaltung einer gepflegten, gesunden und gut hydrierten Haut ist. Koreanische Frauen ziehen also ein schön strahlendes Gesicht mehreren Make-up-Schichten vor.

Natürliches Make-up

Erst an zweiter Stelle steht für sie das Make-up, das sehr natürlich ausfallen soll: Koreanerinnen vermeiden es, das Gesicht beim Grund-Make-up mit viel Concealer zu bedecken. Bei einem Trend mit dem Namen *gwajeubsang* wird das Gesicht nur leicht mit Rouge bedeckt, sodass es mit den Farben Rosa, Coral oder Peach schön »fruchtig« wirkt. Die Farben für die Augen sind wieder sehr subtil, und auch für die Lippen werden zurückhaltende Töne verwendet, entweder als glänzendes oder als mattes Lip Tint.

So geht koreanische Hautpflege

Koreaner beginnen die tägliche Hautpflege am Morgen, indem sie sich zunächst nur mit Wasser oder leichtem Reinigungsschaum das Gesicht waschen. Erst im zweiten Schritt wird Gesichtswasser benutzt. Anschließend folgt eine Essenz und dann ein Serum. Zum Schluss wird die Augencreme aufgetragen, gefolgt von einer Feuchtigkeitscreme. Sind die Cremes eingezogen, wird die Gesichtshaut mit einem Sonnenschutzmittel geschützt.

Wichtig: Sonnenschutz!

Während wir uns in Europa jedes Jahr aufs Neue um eine knackige Sommerbräune bemühen, möchten viele Damen und Herren in Asien ihren porzellanweißen Hautton bewahren. Die Sonnenschutzprodukte der koreanischen Kosmetikindustrie gelten als die fortschrittlichsten weltweit, was Lichtschutzfaktor, Textur, Haptik und Pflegekomponente angeht.

Beautystandards für Männer

Das Ideal der reinen und gepflegten Haut gilt auch für koreanische Männer. Derzeit folgen sie zwar einem Fitnesstrend, der auch gestählte Muskeln verlangt, aber sie sehen keinen Widerspruch darin, mit Kosmetika auch eine feminine Seite herauszuarbeiten. Schließlich geben in keinem anderen Land der Welt Männer mehr Geld für Hautpflege- und Schönheitsprodukte aus als in Korea.

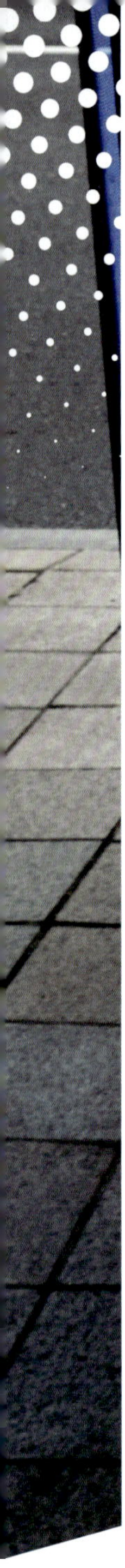

SCHÖN-HEITS-CHIRURGIE

Die Schönheit aus dem OP

Korea hat die operierte Nase vorn

In keinem Land werden so viele schönheitschirurgische Eingriffe pro Kopf durchgeführt wie in Korea. Über 2.000 plastische Chirurgen praktizieren im Land – wieder die meisten auf der Welt, gemessen an der Bevölkerungszahl. Die Schönheitschirurgie ist zusammen mit der Kosmetikindustrie ein sehr wichtiger Wirtschaftsfaktor des Landes geworden.

Medizintouristen

Die koreanische Schönheitschirurgie hat sich international einen exzellenten Ruf erarbeitet. Jedes Jahr kommen Zehntausende Ausländer, um sich hier behandeln zu lassen. Die meisten von ihnen sind Chinesen. Einige Reiseveranstalter bieten Pakete an, die eine kurze Rundreise zu den Sehenswürdigkeiten von Seoul und die anschließende Behandlung durch einen Chirurgen in Gangnam abdecken.

Die häufigsten OPs

Zu den Standardeingriffen gehört die Operation an der doppelten Lidfalte, die die Augen größer erscheinen lässt – dieser »Look« ist immer sehr gefragt. Äußerst viele Koreaner wünschen sich auch eine kleine Stupsnase, freundlichere Mundwinkel, einen sexy Bauchnabel und eine wohlgeformte Stirn. Doch es geht noch drastischer: Bei einer Operation, die ein schmales Kinn zum Ziel hat, wird der Kieferknochen komplett umgeformt.

Hübsch sein ist ein Muss

In der konfuzianistisch geprägten Gesellschaft herrscht großer Konkurrenzdruck, und man fordert sich gegenseitig auf, immer das Beste zu geben. Für die Karriere oder auch, um einem überzogenen Schönheitsideal zu entsprechen, sind viele bereit, aufwendige und kostspielige Operationen über sich ergehen zu lassen.

Das Schönheitsideal

Einige Koreanerinnen wollen sich dem Schönheitswahn nicht länger beugen, denn sie sehen hier eine Lebensart, die Frauen objektifiziert und sich nur nach den Bedürfnissen der Männer richtet. Auf der anderen Seite haben auch Operationen an Männern zugenommen, denn auch sie sollen im Job und für ihre Partner so hübsch wie möglich sein.

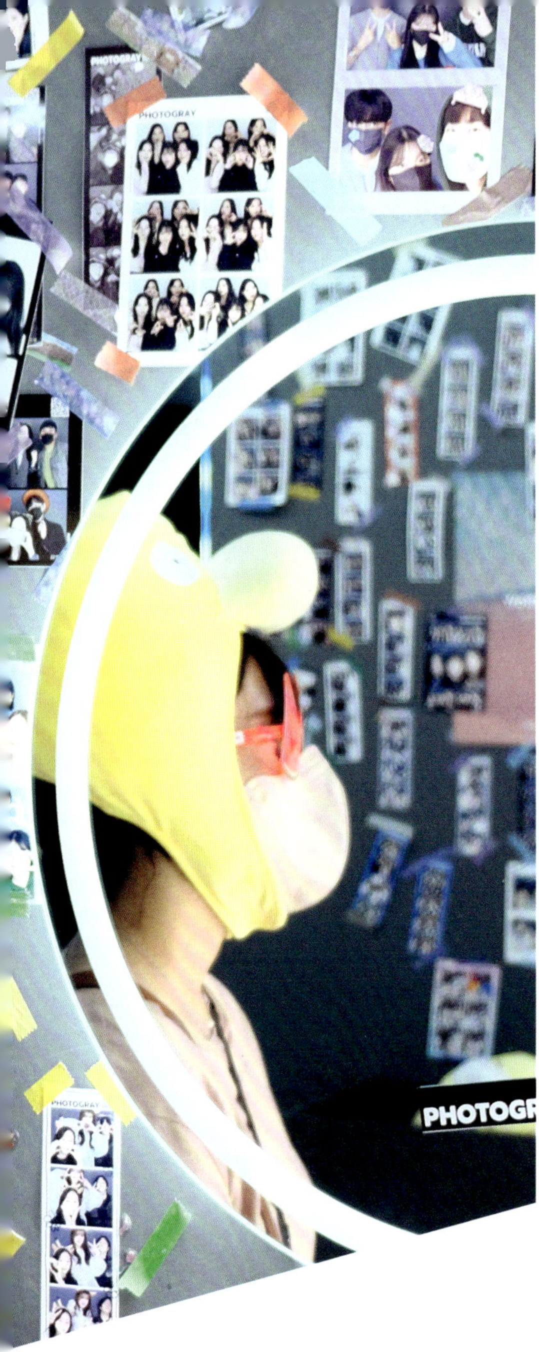

FOTOS

Mehr als nur Passbilder

Seutikeo-sajin

Ein Trend, der sich in Korea erstaunlich lange gehalten hat, sind die witzigen Fotokabinen, die oft in Studentenvierteln zu finden sind: Zusammen mit Freunden stülpt man sich alberne Perücken oder Verkleidungen über und lässt sich von dem Automaten durch den Fotoprozess leiten. Dass beim Timing einiges schiefgehen kann und die Fotos auch nur unter Zeitdruck mit Effekten und Filtern bearbeitet werden können, ist beabsichtigt – umso lustiger sind schließlich die Resultate.

Gemeinsame Erinnerungen

Junge Koreaner genießen die kurze Zeit mit ihren Freunden, die ihnen neben Schule und Studium bleibt, und halten sie gerne auf Fotos fest. Daher könnten Fotografen gut von dieser hohen Nachfrage profitieren: Manche Profil- oder Porträtbilder werden in Fotostudios aufwendig mit der Hilfe von Make-up Artists und Friseuren geschossen. Doch überwiegen eindeutig die Anbieter, die den Prozess automatisiert haben. Hier können die jungen Leute, denen es wichtig ist, unter sich zu sein, günstig Erinnerungsstücke an ihre gemeinsame Zeit gestalten.

Self-Photo Studios

Relativ neu sind Fotostudios ohne Fotografen, etwa Life 4 Cut, Photoism Box, Photo Signature und Selffix. Zeitweise stehen hier die jungen Leute sogar Schlange, um günstige, aber extrem ansprechende Fotos zu schießen. Es stehen viele Themen, Hintergründe und stilistische Effekte zur Auswahl, zum Beispiel Schwarz-Weiß-Fotografie mit hohen Kontrasten oder eben das Gegenteil: eine hohe Farbsättigung, bei der kunterbunte Requisiten und Accessoires gut zur Geltung kommen.

Body Profile

Immer noch boomt der »Body Profile«-Trend in Korea. Für eine Handvoll hochwertiger Bilder von ihrem durchtrainierten Körper gehen einige Koreaner durch die Hölle: Als Erstes durchlaufen sie ein monatelanges Training im Fitnessstudio, begleitet von einer eisernen Diät. Dann folgen Waxing und vielleicht etwas Sonnenbank. Nun sind ihre Körper makellos genug, um abgelichtet zu werden. Die Ergebnisse präsentieren sie unter anderem bei Instagram unter #바디프로필. Gesundheitstrainer warnen eindringlich vor Essstörungen und Depressionen, die die Folge dieses höchst oberflächlichen Trends sein können.

ROBOTER

Achtung, Automation!

Land der Roboter

Koreaner sind immer begeistert von neuen Technologien, daher liegt es auf der Hand, dass es in keinem anderen Land so viele Roboter pro Einwohner gibt wie hier. Selbstverständlich subventioniert die Regierung diesen Sektor, und so ist der Einsatz von Robotern jedes Jahr um etwa zehn Prozent gestiegen. Die meisten Roboter sind in der Industrie »beschäftigt«, doch daneben leisten sie ihren Dienst an der Menschheit auch im Service- sowie im Privatbereich.

Die neueste Robotergeneration

Viele Telekommunikationsunternehmen arbeiten mit Herstellern wie Hyundai Robotics, Doosan oder LG Electronics zusammen, um hochentwickelte Serviceroboter auf den Markt zu bringen. Einige Roboter sind nun mit 5G-Technologie, künstlicher Intelligenz, Sprachassistenten, visuellem Mapping und Gesichtserkennung ausgerüstet. Sie werden beispielsweise in Hotels oder Krankenhäusern eingesetzt.

Der Roboter als Barista

Dass viele Menschen während der Corona-Pandemie kontaktloses Bestellen und Bezahlen favorisiert haben, hat viele Unternehmen dazu motiviert, ihre roboterbasierten Geschäftsbereiche auszubauen. Caféketten wie Banhada und b;eat box sind auf den Automatisierungszug aufgesprungen und lassen ihre Kaffeekreationen nun von Robotern herstellen: Für jeden Kaffee benötigt ihr Barista-Roboter weniger als eine Minute. Er kann über ein Dutzend Bestellungen verarbeiten und schafft knapp 100 Heißgetränke pro Stunde.

Die Maschinen übernehmen

An unbemannte Supermarkt- und Fastfood-Restaurant-Kassen haben sich Koreaner längst gewöhnt, und wenn sie nicht allzu anspruchsvoll sind, dann schmeckt ihnen auch der Kaffee von einem der Barista-Robos. Doch was vielen Leuten nicht schmeckt, ist der Personalabbau, der mit der Automatisierung immer mehr zunimmt. Schließlich werden in keinem anderen Staat so viele Mitarbeiter durch Roboter ersetzt wie in Korea.

Kampfroboter

Im Jahr 2017 gingen die Bilder des 1,3 Tonnen schweren Method-2-Roboter um die Welt, der von einer Firma in Gunpo gebaut worden war. Doch einen klobigen Transformer wird das südkoreanische Militär wohl nicht auf das Schlachtfeld schicken. Denn die Kriegführung der Zukunft wird von Hyundai Rotems vierbeinigen Verteidigungsrobotern für militärische Antiterroreinsätze und von Spionagerobotern bestimmt, die über künstliche Schwarmintelligenz verfügen. Die fliegenden Mikroroboter sollen unauffällig wie Insekten in feindliches Gebiet vorstoßen und verdeckte Operationen durchführen.

Noch mehr Roboter!

Koreas Ambitionen auf dem Feld der Robotik sind groß, und was für viele noch nach Sciencefiction klingt, ist hier schon Realität: Roboter sind an der Grenze zu Nordkorea und in einigen Gefängnissen für die Sicherheitsüberwachung zuständig, sie servieren in Restaurants als automatische Kellner das Essen, bespaßen den Nachwuchs in den Kitas, werden als Kurator bei Ausstellungen tätig, assistieren der Polizei, liefern Waren aus und fahren als smarter Trolley brav hinter den Golfern her.

OUTDOOR

Unter freiem Himmel

Außerhalb der Millionenstädte

Wer an Korea denkt, dem fallen zuerst K-Pop, Kimchi und Hightech ein. Doch das Land ist auch bekannt für seine wunderschöne Natur. Bizarre Felsformationen ragen im Osten aus dem Wasser, in den südlichen Küstenregionen ist es mild genug für Zitruspflanzen, und in den Wäldern gibt es eine vielseitige einheimische Flora und Fauna zu entdecken.

Nationalparks

Dass Korea trotz seiner geringen Größe auch ein Outdoorparadies ist, hat sich längst herumgesprochen. Das bergige Land bietet Naturfreunden 22 Nationalparks, wovon viele sehr leicht zu erreichen sind. Kein Wunder, denn 70 Prozent der Landfläche sind Berge. Von Seoul aus gelangt man sogar mit der U-Bahn in den Bukhansan-Nationalpark.

Das Niemandsland

Die DMZ ist eine 248 Kilometer lange und etwa vier Kilometer breite militärische Sperrzone zwischen Nord- und Südkorea. Seit Jahrzehnten ist die Natur hier unberührt geblieben, sodass viele geschützte Arten hier einen sicheren Zufluchtsort finden konnten – darunter einige Kranicharten, der Kragenbär und angeblich auch der Sibirische Tiger.

Angesagte Aktivitäten

Die Menschen in Korea lieben Outdooraktivitäten, besonders Hiking und Trekking sind bei Jung und Alt ein Dauerbrenner. Dabei werden Skifahren, Radtouren, Camping und Wassersportarten wie Tauchen, Wildwasserrafting, Wasserski und Wakeboarding immer populärer. In den letzten Jahren sind auch das Zip-Line-Rutschen und das ATV-Fahren dazugekommen.

Berg rauf – Berg runter

Für viele Koreaner ist Outdoor nicht nur eine Freizeitbeschäftigung – sie genießen das Training an der frischen Luft und bringen viel Ehrgeiz auf, wenn es darum geht, das gesteckte Ziel zu erreichen. Da viele Berge leicht zu erreichen sind, ist das Wandern für viele sogar tägliche Routine. Davon profitiert auch die Gesundheit, was den Menschen hier wirklich wichtig ist.

Camping

Die Corona-Pandemie hat das Bedürfnis nach frischer Luft und freiem Himmel verstärkt. Seitdem nehmen sich die Koreaner gerne die Zeit, in den Bergen eine Nacht im Zelt zu verbringen, statt, wie es üblich ist, bis zum Sonnenuntergang wieder herunterzueilen. Besonders junge Leute entdecken derzeit das Entspannen in der Natur für sich und genießen die Ruhe, die unten in den Städten so schwer zu finden ist.

Jirisan

Der Jirisan-Nationalpark ist der größte Nationalpark des Landes. Auf dem Gipfel des gleichnamigen Berges erwarten den Besucher spektakuläre Ausblicke und einige Tempel sowie Pagoden. Koreaner lieben besonders den wundervollen Sonnenaufgang, der sich hier dem Auge darbietet, und die leuchtenden Farben des Herbstes, der den Park wie einen verwunschenen Ort erscheinen lässt.

Glamping

»Glamping« ist eine Wortschöpfung aus den englischen Begriffen *glamorous* und *camping*. Das in Korea beliebte Konzept beinhaltetet eine Übernachtung in einem luxuriösen Zelt – allerdings auf dem Dach eines Hotels, damit niemand zum Campen die Stadt verlassen muss.

HANBOK

Traditionelle Tracht

Was ist ein *hanbok?*

Hanboks haben eine lange Tradition im Land der Morgenstille. Sie wurden von den Gewändern der nomadischen Skythen inspiriert. Die Tracht ist so entworfen, dass sie bequem zu tragen ist und die Bewegungen nicht einschränkt. Das Oberteil ist schmal, die Hose oder der Rock recht weit geschnitten.

Idols tragen *hanbok*

Ob im Musikvideo, bei Shows oder auch auf dem Weg zum Flughafen: In den letzten Jahren sind koreanische Idols immer wieder mit ihren spontanen *hanbok*-Auftritten aufgefallen. Auch in historischen K-Dramen tragen Schauspieler *hanboks,* denn die Tracht gehörte seit der Zeit der Drei Reiche von Korea (ab dem 1. Jahrhundert vor unserer Zeitrechnung) zum Kleidungsstil. Sänger und Schauspieler wollen so international auf die Traditionen ihres Heimatlandes aufmerksam machen.

Hanboks in den sozialen Netzwerken

Besonders nach dem Musikvideo *How You Like That* und Auftritten der Gruppe Blackpink in *hanboks* ist das Interesse der Koreaner an ihren traditionellen Gewändern deutlich gestiegen. Unter dem Hashtag #hanbokstagram kann man sich auf Instagram davon überzeugen.

Für Frauen und Männer

Der *joseon-hanbok* für Frauen besteht aus einem Bolerojäckchen mit einer Schleife vor der Brust, das *jeogori* genannt wird. Der Rock, der die Farben oder das Muster der Jacke ergänzt, nennt sich *chima.* Männer tragen eine luftige Hose sowie ebenfalls eine *jeogori*-Jacke. Kombiniert wird dies oft mit einem *joggi,* einer Weste, die darüber getragen wird. Die halbtransparenten, zylinderförmigen Hüte der Männer werden aus Rosshaar und Bambus gefertigt. Sie wurden zur Zeit der Joseon-Dynastie nur von Gelehrten getragen. Damen stecken sich die Haarnadel *binyeo* in die Frisur oder tragen das *jokduri,* eine Art Krone, die zu sehr besonderen Anlässen ihr Haupt schmückt.

Der *hanbok* heute

Der Einfluss von Idols und Schauspielern hat den *hanbok* nicht nur bekannter, sondern auch wieder sehr viel populärer gemacht. Er wird in Korea wieder öfter getragen – nicht nur von der Landbevölkerung, bei Hochzeiten und anderen festlichen Anlässen, sondern auch im Alltag. Zudem spielt die aktuelle Mode mit Elementen des *hanbok* und bringt faszinierende Kombinationen aus westlicher, asiatischer und traditionell koreanischer Kleidung hervor.

Hanboks an Feiertagen

Koreanischer Entertainer treten während Seollal und Chuseok in Fernsehshows gerne in *hanboks* auf. Das verleiht dem Festtagsprogramm eine noch festlichere Atmosphäre, weshalb Koreaner es zu einer Tradition gemacht haben, sich diese Sendungen an den Feiertagen gemeinsam anzusehen.

Ein Besuch im Palast

Der Gyeongbokgung ist der bedeutendste und größte Palast in Seoul und diente dem König als Residenz. Er ist ein gängiges Ausflugsziel für Touristen. Seitdem der Palast auch in den Abendstunden geöffnet ist, wird er noch häufiger von Koreanern besucht. Ein Highlight ist das Erkunden des Gyeongbokgung in traditionellem Outfit, denn wer in einen *hanbok* gekleidet kommt, erhält freien Eintritt. So mancher Besucher fühlt sich in dieser atemberaubenden Kulisse schnell wie ein Prinz oder eine Prinzessin zur Zeit der Joseon-Dynastie.

little
FRIENDS

KAERIKTEO

Süße Charaktere

Sie sind überall!

An jeder Ecke wird man von einem *kaerikteo* (Charakter) begrüßt, einer niedlichen Figur oder einem Maskottchen, das einen anleitet, wenn es darum geht, eine Broschüre zu lesen oder ein Produkt zu kaufen. *Kaerikteo* begegnen einem in Animationsfilmen, Webtoons, Mangas, auf Broschüren und im TV. Sicher stehen die Koreaner so sehr darauf, weil *kaerikteo* einfach so einladend sind und drögen Dingen wie Hinweisschildern oder schwierigen Kaufentscheidungen eine emotionale Komponente geben. Fest steht, dass die quirligen Figuren Farbe in den Alltag bringen und der Gesellschaft manchmal auch einen Spiegel vorhalten, wenn typische koreanische Eigenschaften und Verhaltensweisen auf die *kaerikteo* übertragen werden.

Kaerikteo erobern den Markt

Früher wurden hauptsächlich Spielzeug und Snacks mit bunten Figuren beworben. Doch längst sind auch Erwachsene ins Visier der Marketingstrategen geraten. Für viele Marken werden gezielt Charaktere erschaffen, um den Umsatz auch bei der älteren Generation zu steigern. Die Verkäufe von Waren, die mit Charakteren beworben werden, steigen jedes Jahr um etwa acht Prozent. Durch limitierte Auflagen können Käufer dazu animiert werden, auf Social Media über neue Produkte zu berichten, was den Trend ins Rollen bringt und die Schlange vor den Geschäften verlängert.

Als Emoticons

Die Beliebtheit von *kaerikteo*-Emoticons, -Stickern und -Avataren nimmt immer weiter zu: Beim Kakaotalk-Messenger oder bei den Services von Naver kaufen Koreaner Emoticon-Pakete für bis zu zwei Euro. Gerade junge Leute legen viel Wert darauf, sich in Chats mit individuellen und neuesten Emoticons auszudrücken. Die Bildchen werden zumeist von Grafikdesignern geschaffen, die dies als Nebenjob oder in ihrer Freizeit betreiben.

Kakao Friends

Muzi, ein Pudding im Hasenkostüm, Con, ein winziges mysteriöses Krokodil, Apeach, ein koketter Pfirsich, und Jay-G, der Maulwurf: Das sind die Kakao Friends! Diese sowie einige weitere *kaerikteo* tauchen in der App KakaoTalk als Emoticons sowie als animierte Figuren in Werbespots der Kakao Corp. auf und werden von Koreanern gefeiert und geliebt.

Line Friends

Mit den Line Friends wird ein ähnliches Konzept verfolgt. Die Line Friends Corporation konnte sich jedoch die Zusammenarbeit mit der K-Pop-Gruppe BTS sichern. Herausgekommen ist dabei die Charakter-Linie BT21, die von den sieben Gruppenmitgliedern selbst erstellt wurde. Der achte *kaerikteo* im Bunde verkörpert die Fangemeinde von BTS. Es gibt Line-Friends-Avatare und -Sticker, und diese *kaerikteo* zieren auch Gegenstände wie Schlüsselanhänger, Taschen, Kleidung und vieles mehr.

Pororo, der kleine Pinguin

Pororo ist in Korea allgegenwärtig: im Internet, als Spielzeug oder als Kuscheltier. Sogar kleine Erlebnisparks in Korea, China, Japan und auf den Philippinen sind dem kleinen Pinguin und seinen Freunden gewidmet! Dabei hat alles 2003 als computeranimierte Fernsehserie für Kinder angefangen. Von Anfang an war den Machern klar, dass sie einen internationalen *kaerikteo* entwickeln wollten. Das verdeutlichen Details wie die Tatsache, dass Pororo mit der Hand winkt, um andere zu begrüßen, statt sich zu verbeugen.

Podoli und Posuni

Die Polizeibehörde hat natürlich auch ihre süßen Maskottchen: Podoli und Posuni haben extragroße Ohren, damit sie der Not von Zivilisten entsprechend Gehör schenken können. Sie erläutern Kindern die Polizeiarbeit in Broschüren und kurzen Aufklärungsfilmen. Es gibt sie bereits seit 20 Jahren, und so hat Posuni, der weibliche Charakter, vor einiger Zeit ein Upgrade erhalten: Sie darf statt Rock nun auch eine Hose tragen und braucht auch nicht mehr mit Mascara zum Dienst zu erscheinen.

Baby Shark

Kinder lieben *Baby Shark*, doch vielen Eltern dürfte dieses Kinderlied irgendwann zum Hals herausgehangen haben. Auf YouTube hat das Video des koreanischen Kinderbildungs-TV-Senders Pinkfong mit der Haifamilie über 10 Milliarden Abrufe.

www.youtube.com/watch?v=XqZsoesa55w

CHA-BAK

Roadtrips durch Korea

Spartanisch unterwegs

Cha bedeutet Auto und *bak* Nacht. *Cha-bak* ist ein Roadtrip, bei dem Koreaner die Nächte im Auto verbringen. Die Übernachtung im Zelt beinhaltet die Definition von *cha-bak* jedoch auch. Um so ein Abenteuer erleben zu können, muss man nicht unbedingt auf einen Campingplatz fahren. In Korea gibt es viele Parkplätze an attraktiven Orten, etwa der Ostküste, auf denen *cha-bak* erlaubt ist.

Eine Pandemie macht erfinderisch

Während der Hochzeit der Corona-Pandemie, als die Menschen nicht in andere Länder reisen konnten, ist der Trend *cha-bak* entstanden: Viele Koreaner wollten ihre freien Tage nicht in typischen Tourismusorten und in den zwangsläufig überfüllten Hotels verbringen. Daher besorgten sie sich ein Dachzelt oder ließen sogar ihr Fahrzeug kurzfristig campingtauglich umbauen.

Es geht auch komfortabel

Koreaner wären nicht Koreaner, wenn sich der *cha-bak*-Urlaub nicht auch sehr bequem gestalten lassen könnte: Manche *cha-bak*-tauglichen Campingplätze bieten gut ausgestattete Küchen und Sanitäranlagen. Selbst Convenience-Stores gibt es vor Ort. Diese halten neben den üblichen Waren auch extra auf *cha-bak*-Reisende zugeschnittene Angebote bereit – zum Beispiel Komplettsets mit Mahlzeiten und Campingbedarf. Doch egal, wie gut man vorbereitet ist, das wichtigste Utensil bleibt das Moskitoschutzspray.

Ins Feuer starren

Der Moment, wenn man beim Betrachten des Lagerfeuers einfach nicht mehr den Blick von den Flammen abwenden kann, wird in Korea *bulmeong* genannt. Dieser Anblick löst in uns Menschen sicher ein archaisches, aber heimeliges Gefühl aus. Social-Media-Postings, die sich mit diesem Phänomen befassten, waren besonderes während der Anfangsphase von *cha-bak* ein feuerheißer Trend.

K ENTERTAINMENT

Unterhaltsames Korea

Die koreanische Unterhaltungsindustrie gehört ohne Zweifel zu den aufregendsten und sich am schnellsten entwickelnden der Welt: Kein Trend wird ausgelassen, und man jagt bereits dem nächsten hinterher, bevor der aktuelle überhaupt erst richtig angelaufen ist. Begünstigt wird dies durch die Art und Weise, wie Koreaner ihre Freizeit verbringen, denn diese findet so gut wie immer außerhalb der eigenen vier Wänden statt. So konnte sich auch eine schier unbegrenzte Vielfalt an Unternehmungen und Freizeitangeboten entwickeln, die in vielen anderen Ländern undenkbar ist. Selbstverständlich stehen Streamingangebote und Videospiele ganz oben auf der Liste. Doch auch Outdooraktivitäten machen einen großen Prozentsatz aus. Eine Besonderheit ist die koreanische *bang*-Kultur, bei der Koreaner Räumlichkeiten für verschiedenste Unterhaltungsaktivitäten in Anspruch nehmen.

SQUID GAME

Eine blutige Erfolgsgeschichte

Worum gehts?
Seung Gi-hun (Lee Jung-jae) hat seinen Job verloren, ist als Familienvater gescheitert und stiehlt seiner Mutter ihr hart verdientes Geld, um seine Spielschulden zu begleichen. Ein Fremder bietet ihm die Chance auf einen hohen Gewinn bei einem Spiel, das sich schon bald als mörderischer Albtraum entpuppt. Dennoch entschließen er und viele weitere Teilnehmer sich, das Spiel weiterzuführen. Trotz seiner Verfehlungen und der Soziopathen um ihn herum bewahrt sich Seung Gi-hun seine Menschlichkeit.

Ein Riesenerfolg

Es war eine große Überraschung, als bekannt wurde, dass die koreanische Serie *Squid Game* zur erfolgreichsten Netflix-Serie überhaupt geworden ist: In weniger als einem Monat hatten bereits über 111 Millionen Zuschauer den Stream angeklickt. Die Macher waren darüber selbst erstaunt, denn für eine asiatische Serie mit Altersbeschränkung ist das ein unglaublicher Erfolg.

Der Reiz von Squid Game

Die Faszination für diese Serie liegt in dem extremen Kontrast begründet: zwischen nostalgischen Kinderspielen, farbenfroher Ausstattung sowie geometrischen Formen einerseits und dem kaltherzigen Abschlachten von Menschen andererseits. Das Ganze ist mit dem Charakter einer makaberen Realityshow gewürzt und erinnert phasenweise sogar an ein Videospiel. Schlussendlich sind es die Empathie des Protagonisten und seine Hoffnung auf ein besseres Leben, die *Squid Game* so sehenswert machen.

Der Macher

Der Regisseur und Autor von *Squid Game*, Hwang Dong-hyuk, hatte viele Jahre versucht, sein Skript zu verkaufen, das ursprünglich die Idee für einen Film war. Dann sagte Netflix plötzlich zu, und er stürzte sich in die Arbeit, lud sich selbst zu viel auf und verlor während der Produktion infolge des Stresses, dem er dabei ausgesetzt war, durch eine Krankheit sogar einige Zähne.

Die Idee

Trotz der extremen Gewalt, die in *Squid Game* dargestellt wird, verbirgt sich in der Geschichte Kritik an einer kapitalistischen und ungerechten Gesellschaft. Der Autor wirft auch die Frage auf, inwiefern der Einzelne durch die Teilnahme an demokratischen Wahlen tatsächlich sein Leben verbessern kann, und kritisiert den Aufstieg der Ultrareichen. Die Charaktere in der Serie fühlen sich ohnmächtig gegenüber der Welt und haben sich von der Gesellschaft entfremdet. Sie sterben für die illusorische Chance, bei dem Spiel reich werden zu können.

Die Spiele

- Ddakji: ein Geschicklichkeitsspiel mit bunten Platten.
- Rotes Licht, grünes Licht: ein Wettrennen, bei dem es auf das Timing ankommt.
- Dalgona: Das in ein Plätzchen aus Zuckermasse gestempelte Muster muss mithilfe einer Nadel so aus dem Plätzchen herausgetrennt werden, dass das Innere nicht bricht.
- Tauziehen: Die Gruppe, die am stärksten am Seil zieht, überlebt.
- Murmelspiel: Die Teilnehmer müssen am Ende gegen ihren eigenen Partner antreten.
- Trittsteinspiel: Wer nicht den richtigen Weg über eine gläserne Brücke nimmt, stürzt in den Tod.
- Tintenfischspiel: Die letzten beiden Teilnehmer spielen die koreanische Version von »Himmel und Hölle«.

Squid Game im echten Leben

Der Erfolg der Serie war so groß, dass überall auf der Welt *Squid-Game*-Events organisiert wurden, bei denen Teilnehmer die Chance hatten, einen Preis zu gewinnen, ohne dafür mit ihrem Leben bezahlen zu müssen. Einer der größten Wettbewerbe war der von Mr. Beast, der mit der Unterstützung von Sponsoren die Spiele aus *Squid Game* mehr oder weniger originalgetreu nachspielte. Der Gewinner konnte 456.000 US-Dollar mit nach Hause nehmen – eine Anspielung auf die Nummer 456, die der Protagonist in der Serie trägt.

Young-hee reist um die Welt

Eine vier Meter hohe Nachbildung der Statue Young-hee aus dem zweiten Spiel von *Squid Game* wurde kurz nach dem Erscheinen der Serie im Olympic Park in Seoul aufgestellt. Auch in Tokio und Hongkong freuten sich die Fans über Nachbildungen dieser einerseits niedlichen, andererseits auch schaurigen Figur.

Auswirkungen auf Kinder

Durch die bunten Bilder, die thematisierten Spiele und natürlich durch das große Echo in den sozialen Netzwerken sind auch viele Kinder auf die Serie aufmerksam geworden. In der Folge waren viele Medienberichte über makabere Wettbewerbe auf Schulhöfen zu lesen. Schulen in den USA haben hierauf reagiert, indem sie das Tragen von *Squid-Game*-Trainingsanzügen als Halloweenkostüm verboten haben.

K-DRAMA

Koreanische Serien

K-Dramen erobern die Welt

Im Jahr 2002 begann mit der Serie *Winter Sonata* die Erfolgsgeschichte – zuerst in Asien, dann in Lateinamerika und im Nahen Osten. K-Dramen waren zu Beginn Liebesgeschichten, romantische Komödien und Historiendramen. Sie entwickelten sich weiter und wurden schließlich zu einem weltweiten Phänomen. K-Dramen werden immer aufwendiger produziert und von renommierten Studios begleitet. Diese hochwertigen Produktionen werden auch als Cinedramas bezeichnet, denn sie lassen die Grenzen zwischen Film und Serien verschwimmen.

Talents

Fernsehschauspieler werden *talents* genannt – die Bezeichnung basiert auf dem japanischen Begriff *tarento,* der eine prominente Person beschreibt. Seriendarsteller in Korea sind echte Stars und für die Produktion recht kostspielig, machen sie doch über die Hälfte des Budgets einer Serie aus. Viele von ihnen streichen mehr als das Fünffache von dem ein, was ihre Kollegen in den USA verdienen.

Die Musik

Die Darsteller von K-Dramen steuern oft selbst die Musik zur Serie bei. Ihre Songs werden extra hierfür aufgenommen, und häufig wird nicht nur die Serie, sondern auch der Soundtrack dazu ein Hit.

Drehschluss in letzter Minute

Eine weitere Besonderheit von K-Drama-Produktionen ist die kurzfristige Planung: In der Regel wird nur eine Folge abgedreht. Nach deren Ausstrahlung können die Produzenten die weiteren Folgen genau an die Reaktion der Zuschauer anpassen. Durch den Vorstoß von Netflix auf den koreanischen Markt kommt diese extreme Produktionsweise nun seltener zur Anwendung.

Treue Fans

Fans von K-Dramen sind der zu großen Teilen für den immensen Erfolg koreanischer Serien verantwortlich, denn sie sind im Netz sehr aktiv, tauschen sich auf Social Media aus und stecken andere mit dem Koreafieber an.

Die Autorinnen

Viele K-Drama-Ideen entspringen den kreativen Köpfen weiblicher Autoren – wie zum Beispiel dem von Park Ji-eun, die *Crash Landing on You* geschrieben und in der Serie sogar einen Cameo hat, oder denen der Hong-Schwestern Jung-eun und Mi-ran, die für ihre fantastischen Romantic Comedies bekannt sind. In Korea erfreuen sich Drehbauchautoren höherer Aufmerksamkeit und Anerkennung als ihre Kollegen in den USA.

Extraordinary Attorney Woo

Mit dieser Serie hat der koreanische Streamingdienst ENA einen echten Überraschungshit gelandet, denn nach ihrem Start hielt sich die Serie viele Wochen in den weltweiten Charts der nicht englischsprachigen Serien: Die autistische Anwältin Woo Young-woo arbeitet bei einer großen Anwaltskanzlei und löst ihre Fälle auf eigenartige und oft unerwartete Weise. Doch von ihren Mitmenschen wird sie als Sonderling angesehen.

The Silent Sea

Ein Team aus Wissenschaftlern und Sicherheitsexperten wird auf eine gefährliche Weltraummission zum Mond geschickt: Sie sollen eine mysteriöse Probe aus einer Forschungsstation sichern, auf der sich ein folgenschwerer Unfall ereignet hat.

Kingdom

Die Geschichte des Netflix-Originals *Kingdom* handelt von Kronprinz Chang, der dem Ursprung einer verheerenden Seuche nachgeht, die Tote wieder zum Leben erweckt. Die Serie vereint zwei gängige Genres: Historiendrama und Zombie-Horror. Als Zuschauer erlebt man besonders in der ersten Staffel den meisterhaft erzählten Zerfall der Gesellschaft sowie jede Menge Kampfkunst- und Zombie-Action.

Web-Drama

Abseits der großen Streamingplattformen schauen Koreaner gerne kostenlose Web-Drama-Formate, die oft eine Laufzeit von zehn bis 30 Minuten haben. Die Macher müssen zwar mit sehr geringen Budgets auskommen, sind jedoch nicht gezwungen, für einen breiten Markt zu drehen, und können sich kreativ austoben.

Crash Landing on You

Yoon Se-ri gerät beim Paragliding in einen Sturm und erleidet eine Bruchlandung in Nordkorea. Der Offizier Ri Jeong-hyeok versteckt sie, weil er ihr dabei helfen möchte, wieder nach Südkorea zu fliehen. Die beiden verlieben sich ineinander, was die verzwickte Situation weiter zuspitzt.

Sweet Home

Der schüchterne Cha Hyun-soo zieht nach dem Tod seiner Familie in einen alten Wohnkomplex. Er wird Zeuge einiger mysteriöser Ereignisse. Als er den Dingen auf den Grund geht, muss er feststellen, dass er sowie alle anderen Bewohner im Komplex festsitzen und von Monstern heimgesucht werden. Die auf dem gleichnamigen Webtoon basierende Serie wurde für ihre starken weiblichen Charaktere und die hochwertigen visuellen Effekte gelobt.

MEGA
POP
CORN
슈퍼-펫
04
05
06
07
08
Coca-Cola

FILME

Das koreanische Kino

Ein Sonderling

Mit einem Anteil von 50 Prozent auf dem heimischen Markt ist das koreanische Kino ein Sonderling, denn trotz der vielen Streamingangebote bevorzugen Koreaner nach wie vor einheimische Produktionen. Koreanische Filme haben ihren eigenen Stil, der nicht erst seit gestern bei Cineasten und Hallyu-Fans auf der ganzen Welt gefeiert wird.

Hallyuwood

Warum ist das koreanische Kino so außergewöhnlich, und wie grenzt es sich von US-amerikanischen Produktionen ab? Vielleicht liegt es an der enormen Hingabe, mit der koreanische Filmemacher ihre Werke produzieren, dass Hallyuwood immer angesagter wird. Ihre Filme gelten als ästhetisch ansprechend, sehr gut geschrieben und emotional fesselnd. Sie überraschen den Zuschauer und fordern seine Sehgewohnheiten heraus: mit unerwarteten Wendungen, erfrischenden Stilmitteln und interessanten Genremischungen.

Space Sweepers

In diesem koreanischen Space Western verdingt sich die Besatzung des Raumschiffs »seungni-ho« als Sammler von Weltraumschrott. Bei einem ihrer Einsätze stößt die Crew auf ein siebenjähriges Robotermädchen, auf dessen Ergreifung eine hohe Belohnung ausgesetzt wurde. Der Film wurde besonders für seine aufwendigen Spezialeffekte und seine Gesellschaftskritik gelobt.

Historienfilm: War of the Arrows

Der spektakuläre Kostüm-Actionfilm spielt im Jahr 1636: Bogenschütze Nam-yi begibt sich auf eine Rettungsmission in das Land der Mandschu, die zuvor die koreanische Halbinsel überfallen und seine Schwester entführt haben. Der Film überzeugte die Kritiker mit einer aufwendigen Inszenierung und einer glaubhaften Darstellung der Figuren.

Okja

Mija hat sich mit einem übergroßen genmanipulierten Schwein namens Okja angefreundet. Doch das Tier ist Eigentum der mächtigen Mirando Corporation, die ihre Beobachtungsstudie beendet, sodass die beiden getrennt werden. Während das Unternehmen sich darum bemüht, dass seine dunklen Geheimnisse nicht an die Öffentlichkeit kommen, muss Mija alles riskieren, um Okja zu retten.

Klassiker: Oldboy

Die Geschichte zu *Oldboy* von Park Chan-wook wurde von dem gleichnamigen Manga inspiriert: Oh Dae-su wird entführt und muss 15 Jahre in derselben Zelle ausharren. Als er endlich wieder freikommt, sinnt er auf Rache und macht sich auf die Suche nach seinen rätselhaften Entführern. Im Jahr 2004 ergatterte das blutige Rachemärchen den Großen Preis der Jury in Cannes. Knapp zehn Jahre später folgte ein US-Remake von Spike Lee, das jedoch von vielen Zuschauern verschmäht wurde.

Oscar-Gewinner: Parasite

Bei den Oscarverleihungen 2020 schrieb der Film *Parasite* von Regisseur Bong Joon-ho Filmgeschichte: Sein Werk wurde als erster fremdsprachiger Beitrag überhaupt als bester Film ausgezeichnet. Inhaltlich geht um die Klassendiskriminierung in der Beziehung zwischen der vermögenden Familie Park und dem armen Kim-Clan.

Sweet & Sour

In dieser Liebeskomödie fragt sich das einst so süße Paar Jang-Hyeok und Da-Eun nach einigen Jahren Routine, was ihre Beziehung hat so sauer werden lassen. Die beiden müssen mit den Nachteilen ihrer Fernbeziehung fertig werden und herausfinden, ob sie noch eine gemeinsame Zukunft haben.

Extreme Gewalt

Regisseur Bong Joon-ho erklärte westlichen Medien in Interviews, dass die so häufige Gewaltdarstellung ein Markenzeichen des koreanischen Films sei. Darin spiegelten sich die politischen und sozialen Probleme Koreas. All diesen Filme ist gemeinsam, dass die Gewalt nie das Ziel der Erzählung ist, sondern den Regisseuren nur als Mittel dient, Ungerechtigkeit und Ungleichheit aufzuzeigen. Laut Bong richtet sich die extreme Gewalt somit metaphorisch gegen diejenigen, die die Verantwortung für diese Missstände in der Gesellschaft tragen.

K-Horror

Koreanische Horrorfilme sind für westliche Zuschauer nicht immer leicht zu erfassen, denn der Genremix und die fremdartige Übernatürlichkeit lenken leicht von den gesellschaftlichen Problemen ab, die sich hinter dem offensichtlichen Horror verbergen. Von internationalen Kritikern gefeiert wurden Filme wie *Durst, Der Fluch der 2 Schwestern, The Host, Train to Busan* und *The Wailing.*

JUNG HAE-IN

Talent im Porträt

Der Schauspieler

Bei einem Musicalauftritt in seiner Universität wurde Jung Hae-in klar, dass er Schauspieler werden wollte. Während er seinen Militärdienst absolvierte, nahm er sich vor, seinen Traum zu verwirklichen. Der 1988 in Seoul geborene Jung nahm daraufhin zwölf Kilogramm ab und debütierte mit 26 Jahren schließlich in der Romanze *Bride of the Century*. Größere Aufmerksamkeit erhielt er 2017, als er in der Fernsehproduktion *While You Were Sleeping* in einer Nebenrolle zu sehen war. Im darauffolgenden Jahr stand sein Name auf der koreanischen Portalseite Naver auf Platz eins der meistgesuchten Suchbegriffe. Kurz darauf erhielt das Nachwuchstalent seine erste Hauptrolle: In dem Romantikdrama *Something in the Rain* spielt Jung den Videospielentwickler Joon-hee, der sich in eine etwas ältere Frau verliebt. Die Rolle verschaffte ihm große Popularität in Asien, doch internationale Bekanntheit erreichte er mit seinen Auftritten in der Adaption des Webtoons *D.P.: Dog Days* und in dem Melodram *Snowdrop*. Anschließend war er in dem Kurzfilm *Unframed* des koreanischen Streamingdienstes Watcha zu sehen. Jung hat als Schauspieler bereits viele Awards eingeheimst, darunter den MBC Drama Award, den Cine 21 Award und den Asia Arstist Award – insgesamt erhielt er bisher 15 Auszeichnungen. Derzeit steht er bei FNC Entertainment unter Vertrag und wird in Kürze für die zweite Staffel von *D.P.* wieder in die Rolle des Gefreiten An Jun-ho schlüpfen.

Jungs Rolle in D.P.

In Onlineinterviews berichtete Jung Hae-in, dass er beim ersten Lesen des Scripts zu *D.P.* sofort an den Webtoon denken musste, der für diese Serie die Grundlage bildete. Außerdem war er verblüfft darüber, wie realistisch das Set von *D.P.* auf ihn wirkte, als er es zum ersten Mal sah. Für viele koreanische Männer sei die Wehrpflicht nämlich eine Hölle, die man nicht zweimal erleben möchte – und nun stand er hier, bereit, wieder als Gefreiter im Militär zu dienen, doch zum Glück diesmal nur als Schauspieler. Bevor es losgehen sollte, bewältigte er ein dreimonatiges Boxtraining, denn er wollte absolut fit sein für die zahlreichen Actionszenen. Dies stellte sich als goldrichtig heraus, denn der Regisseur hatte geplant, viele dieser Szenen nicht durch Schnitte zu unterbrechen, was eine große physische Herausforderung für Schauspieler ist. Jung lobte den Dreh und die familiäre Atmosphäre und freute sich darüber, auch über die Dreharbeiten zur Serie hinaus mit seinen Schauspielerkollegen aus der Produktion befreundet zu sein. Er hofft, dass die Serie – auch wenn es teilweise um Koreas Militär geht – ausländischen Zuschauern einen Einblick in die koreanische Jugend vermittelt.

FERNSEHEN

Einblick in den koreanischen Flimmerkasten

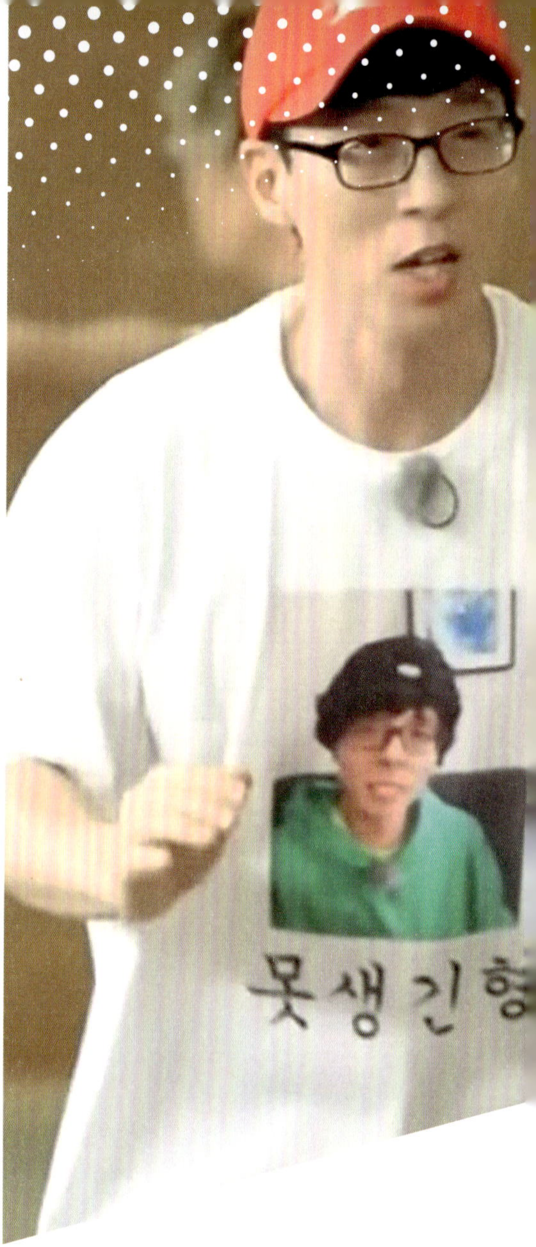

Die bekanntesten Sendungen

Koreanische Fernsehinhalte waren in Asien schon sehr lange in, bevor der Rest der Welt auf sie aufmerksam wurde. Zu den populärsten Sendungen gehören natürlich K-Dramen, historische Serien, Comedy- und Gameshows. Derzeit sehen Koreaner gerne *Wie spielst du?, You Quiz on the Block, Running Man* und *Our Blues.*

Effektgewitter

Typisch für koreanische Unterhaltungssendungen ist eine Vielzahl bunter Effekte. Das können untermalende Geräusche, kurze Animationen und Texteinblendungen sein. Was für den ungeübten Zuschauer vielleicht verwirrend oder gar überflüssig wirkt, entpuppt sich später als äußerst unterhaltsam. Denn die Redakteure fügen den Szenen hierdurch eine weitere Humorebene hinzu, die das Geschehene oft noch witziger wirken lässt.

Das gehört sich nicht

Das koreanische Fernsehen präsentiert sich ganz schön bieder. Manche Dinge will es einfach nicht zeigen: Dazu gehören Tattoos, die verpixelt werden, und Oberschenkel, die in Interviews lieber unter einer Decke verschwinden. Damen müssen Outfits tragen, die ihren Bauchnabel verdecken. K-Pop-Tanzeinlagen dürfen nicht zu sexy sein, und Fluchen ist auch nicht erwünscht. Und was ist mit männlichen Brustwarzen im TV? Ja, die dürfen gezeigt werden – aber angeblich nur eine auf einmal.

Staatliche Kontrolle

Der Militärdiktatur war es in der Nachkriegszeit wichtig, mit dem öffentlichen Fernsehprogramm »die Einheit des Volkes herzustellen«. Das heutige Fernsehen wird von der Korea Communications Commission reguliert, die dem Büro des Präsidenten untersteht. Streamingdienste wie Netflix und kakaoTV unterliegen dieser Regulierung nicht, und die Kreativen, die hierfür Inhalte liefern, wollen sich mit Themen auseinandersetzen, die ein ungeschöntes Korea zeigen. Ihre Stilmittel sind oft drastische Gewaltdarstellungen, politische Kritik und moralische Zweideutigkeit.

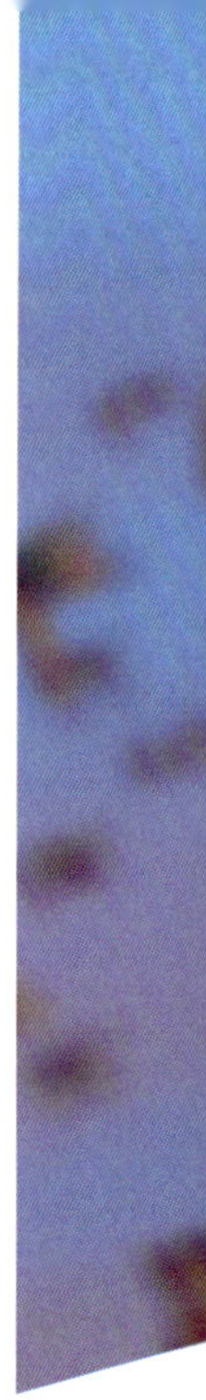

AENI

Animation aus Korea

Die Industrie tut sich schwer

Anders als in Japan werden Animationsfilme in Korea nicht Anime genannt, sondern *aeni* oder *hanguk manhwa,* wenn man konkret von koreanischen Produktionen spricht. Korea steht mit seinen mehr als 100 Animationsstudios hinter Japan und den USA auf Platz drei. Lange Zeit wurde in Korea lediglich an den Animationen für ausländische Studios gearbeitet – wie zum Beispiel für Rough Draft, die sich für *The Simpsons* und *SpongeBob – Schwammkopf* verantwortlich zeichnen. Zeitweise hat die Branche hier mit Studios aus Nordkorea zusammengearbeitet, doch politische Differenzen haben dies schlussendlich erschwert. Große Erfolge in Asien waren *Origami Warriors,* die Adaption eines taiwanesischen Comics, und die Kinderfernsehserie *Pororo, der kleine Pinguin.* Obwohl den Studios wegen der boomenden Videospielindustrie in Korea der Nachwuchs fehlt, entwickeln sie sich stetig weiter.

Seoul Station

In dem Animationsfilm *Seoul Station* (2016) von Sang-ho Yeon versucht Hye-seon gerade, ihr Leben wieder in den Griff zu bekommen, als in einer U-Bahn-Station die Zombie-Apokalypse losbricht. Der Animationsfilm stellt die Vorgeschichte des Horrorstreifens *Train to Busan* (ebenfalls von Yeon Sang-ho) dar und ist weniger actionlastig, jedoch düsterer und anspruchsvoller als der Realfilm.

Beauty Water

Von Cho Kyung-hun stammt der gesellschaftskritische Genremix *Beauty Water* aus dem Jahre 2020, der auf dem gleichnamigen Webtoon basiert: Eine junge Frau entdeckt ein geheimnisvolles Wasser, das sie hübscher und schlanker macht. Sie genießt ihr neues Leben, doch bald wird sie mit den schwerwiegenden Konsequenzen konfrontiert.

Liefi – ein Huhn in der Wildnis

Der Film basiert auf dem erfolgreichen Kinderbuch der koreanischen Autorin Hwang Sun-mi und wurde unter der Regie von Oh Sung-yoon auf die Kinoleinwand gebracht. Er ist einer der meistgesehenen koreanischen Animationsfilme. In dem Film entschließt sich die Henne Liefi dazu, ein verwaistes Entenküken aufzuziehen, nachdem sie ihrer Legebatterie entkommen konnte.

The Witcher: Nightmare of the Wolf

The Witcher ist vielen Fantasy-Fans ein Begriff – mit der koreanisch-amerikanischen Produktion *Nightmare of the Wolf* wurde der Netflix-Serie ein animiertes Spin-off spendiert: Regisseur Kwang Il-han lässt die Zuschauer darin mehr über die Geschichte von Vesemir erfahren, der den Hexer Geralt unter anderem im Schwertkampf unterwiesen hat.

SPORT

Fitness, Wettkampf und Unterhaltung

Golf

Kein Sport in Korea boomt derzeit so sehr wie das Golfen. Gleichzeitig ist es hier teurer als in jedem anderen Land der Welt. Das hält die Koreaner allerdings nicht davon ab, auch die Nation zu sein, die das meiste Geld für ihre Ausrüstung und Kleidung ausgibt. Kosten werden aber beim populären Nachtgolf gespart: Nach einem langen Arbeitstag kann man in Korea bis kurz nach Mitternacht auf gut ausgeleuchtetem Grün den Golfschläger schwingen. Auch das Abschlagen in einem Golfsimulator ist keine Schande. Indoor-Golf ist eine weitere florierende Freizeitbeschäftigung, die hochmodernen Anlagen sind 24 Stunden am Tag geöffnet.

Baseball

Seit amerikanische Missionare den Koreanern gezeigt haben, wie man Baseball spielt, ist man hier vernarrt in das Spiel. Regelmäßig nimmt das Land an den World Baseball Classics teil, es gilt als eine der stärksten Baseballnationen. Ob Samsung Lions, Lotte Giants LG Twins oder Hyundai Unicorns, die bedeutendsten Vereine gehören den *jaebols,* den großen Familienunternehmen in Korea.

Bogenschießen

Das olympische Bogenschießen wird von den koreanischen Frauen dominiert: Bis auf eine Ausnahme haben die Koreanerinnen jedes Mal Gold geholt. Erstaunlich ist dies nicht, wenn man bedenkt, dass Korea eine jahrtausendealte Tradition in dieser Disziplin hat. Außerdem kommen bereits Grundschüler mit dem Sport in Kontakt, und im kompetitiven Korea tun sich dann schnell Profis hervor, die beim Training über 2.500 Pfeile pro Woche verschießen. Die Ziele sind zwischen 30 und 90 Meter weit entfernt. Mit dem historischen Bogen, *gakgung* genannt, wird über eine Distanz von 145 Metern geschossen, denn auch die traditionelle Bogenschießkunst *gungsul* wird in Korea noch sehr gerne praktiziert.

Fußball

Die Profiliga K League sowie die Nationalmannschaft werden vom koreanischen Fußballverband KFA verwaltet. Fußball ist in Korea die populärste Sportart überhaupt. Manche sagen, die Koreaner seien so fußballbegeistert, weil sie während der Joseon-Dynastie bereits ein ähnliches Spiel kannten, das *chuk-guk* hieß.

Red Devils

Die Bulgeun Agma, auch Red Devils genannt, sind Mitglieder im Fanclub der koreanischen Nationalmannschaft. Ihr Maskottchen ist Chiwoo Cheonwang, einer legendären Figur aus koreanischen Volksmärchen nachempfunden. Genauso wie das Team, das sie mit Teufelshörnern auf den Köpfen und Schlägen auf koreanische *buk*-Trommeln unterstützen, tragen die Fans die Farbe Rot.

Kabaddi

Das indische Kabaddi ist ein Kontakt-Mannschaftssport, der ohne Ball gespielt wird und sich in Asien großer Beliebtheit erfreut. Das koreanische Team gehört seit einigen Jahren zu den geschicktesten und konnte bei den Asienspielen 2018 den bis dahin ungeschlagenen Meister Indien bezwingen.

Idol Star Athletics Championships

In der amüsanten Fernsehshow *Idol Star Athletics Championships* des Senders MBC treten vor allem koreanische Idols, Sänger und K-Pop-Gruppen gegeneinander an. Die Wettkämpfe decken ein breites Spektrum an Mannschaftssportarten und Leichtathletik ab. Hin und wieder müssen die Teilnehmer auch ihre E-Sports-Fähigkeiten unter Beweis stellen.

VERGNÜ-GUNGS-PARKS

Kunterbunte Fantasiewelten

Willkommen in Lotte World

Der größte überdachte Freizeitpark der Welt befindet sich mitten in Seoul und ist schwer zu übersehen. Der riesige Komplex wurde bereits 1989 errichtet und weiß Gäste immerfort mit seinem farbenfrohen Charme und einer ordentlichen Prise Reizüberflutung zu verzaubern. Eine Einschienenbahn verbindet den Innenbereich mit der künstlichen Insel, auf der das märchenhafte Lotte World Castle emporragt.

Innenbereich: Adventure

Im Innenbereich des Parks gibt es viel zu erleben: Neben zahlreichen Fahrgeschäften, wie dem Camelot Carrousel, an dem Gäste gerne verträumte Bilder für Social Media schießen, gibt es eine Eislaufbahn, ein riesiges Aquarium und ein Volkskundemuseum. Manchmal ziehen auch aufwendig inszenierte Paraden durch diesen Bereich.

Außenbereich: Magic Island

Der wilde Ritt in der Achterbahn Atlantis Adventure gehört zu den gefragtesten Fahrgeschäften von Lotte World. Anders, als ihr Name vermuten lässt, konfrontiert sie ihre Fahrgäste nicht mit kühlem Nass – von eventuellem Angstschweiß natürlich abgesehen. Einige Attraktionen setzen auf ein spannendes Konzept mit VR-Brillen: Der Freifallturm Gyro Drop simuliert beispielsweise eine futuristische Landschaft während der Fahrt nach oben.

Everland

Etwa eineinhalb Autostunden von Seoul entfernt liegt der Themenpark Everland. Er ist der größte in Korea und wartet mit fünf großen Gebieten auf, die alle in einem anderen Stil gestaltet sind. Highlights sind die 33 Meter hohe Schiffsschaukel »Columbus Adventures«, eine Raftinganlage sowie die Holzachterbahn »T-Express«, die mit über 100 Sachen die Schienen entlangdonnert.

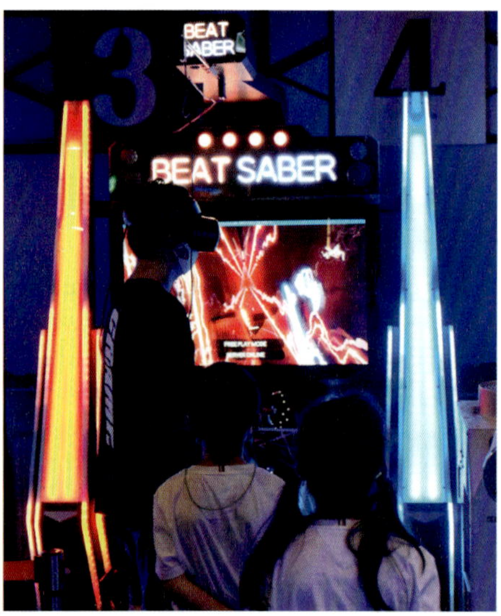

VR-Parks

Ob stehend mit der Waffe im Anschlag, in einem künstlichen Fluggerät oder in einem futuristischen Fahrzeug: Überall in Korea entführen kreative Freizeitzentren ihre Gäste in eine virtuelle Realität. Auch das virtuelle Achterbahnfahren mit VR-Brille ist hier möglich.

Colorpool Museum

Das Colorpool Museum ist sicher kein Vergnügungspark im eigentlichen Sinne. Beim Besuch wird jedoch klar: Ein Museum ist es dann auch nicht so recht. Auch die Frage, ob es sich eher an Kinder oder an Instagrammer richtet, lässt sich nicht leicht beantworten. Fest steht: Ob man nun ein Kind oder ein Kind gebliebener Erwachsener ist, die bunten Räume mit ihren kreativen Bällebad-Ideen machen einfach Spaß.

E-World

In Daegu, der drittgrößten Stadt des Landes, lädt der Freizeitpark E-World zu einem romantischen Ausflug ein. Der Park befindet sich mitten in der Stadt und war bereits häufiger Drehort von K-Dramen. Koreaner genießen die Szenerie gerne von der Beobachtungsplattform des benachbarten 83 Tower aus, wenn in den Abendstunden der Park in farbenprächtigen Lichtern erstrahlt.

PLAYER OF THE GAME
OP.GG

E-SPORTS

Professionelles Gaming

Der Geburtsort des E-Sports

Es wird vermutet, dass die Bezeichnung E-Sports ihren Ursprung in Korea hat. In den 2000er-Jahren waren die Begriffe Game und Gaming noch etwas negativ behaftet. Mit der neuen Bezeichnung E-Sports konnten sich professionelle Spieler leichter von der herkömmlichen Gamer-Welt abgrenzen und sich staatliche Fördergelder der koreanischen Regierung sichern, die das wirtschaftliche Potenzial von E-Sports früh erkannte. Unterdessen wird in vielen Ländern weiter darüber diskutiert, ob E-Sports eine Sportart ist.

Die Helden von T1

Eines der am häufigsten gespielten E-Sports-Games in Korea ist *League of Legends*. Gespielt wird es unter anderem vom populären T1-Team, zu dem auch der Spieler Faker (Lee Sang-hyeok) gehört. Dieser konnte dreimal die Weltmeisterschaft gewinnen und erhielt über eine Million US-Dollar Preisgeld. Ein verlockendes Angebot aus China lehnte er zugunsten seiner Teamkollegen ab.

Eine neue Chance

Ironischerweise wurde der E-Sports-Boom durch einen drohenden Staatsbankrott während der Jahrtausendwende eingeläutet: Um die Krise zu überwinden, unterstützte die Regierung in Seoul gezielt den IT-Sektor und die Kommunikationsinfrastruktur. Hiervon profitierte auch die Unterhaltungsindustrie. Zu dieser Zeit war Blizzards Echtzeitstrategiespiel *StarCraft* in Korea sehr angesagt, und immer mehr Spieler wurden auf den Trend aufmerksam, bis schließlich ein Massenphänomen daraus entstand.

Videospiele im Fernsehen

OGN war der erste Fernsehsender weltweit, der rund um die Uhr E-Sports-Wettbewerbe übertrug. *Live Broadcast Game Call* war der Name einer beliebten Sendung mit Game-Jockey Gil Soo-Hyun, der die Zuschauer dazu einlud, über ihr Handy live mit ihm zu spielen. Weitere Sendungen zeigten Game-Matches von *StarCraft, Tekken 3, Soulcalibur* und *Overwatch*.

Streaming

Anders, als man vielleicht denkt, ist Streaming in Korea verhältnismäßig unpopulär. Außerdem bevorzugt die koreanische Community einheimische Streamingdienste wie AfreecaTV und genießt E-Sports-Events weiterhin gerne über OGN, da der Sender eng mit der Fangemeinde und den Anfängen des E-Sports-Booms verbunden ist.

Liveturniere

Ein E-Sports-Event live zu erleben, ist für Koreaner ein großes Highlight: Bei Finalspielen der größten Ligen, etwa der GSL, kommen in Korea bis zu 100.000 Zuschauer zusammen, um ihre Stars anzufeuern. Weil es in den Arenen extrem laut werden kann, sitzen die Spieler während der Matches in schallisolierten Kabinen. Zu den beliebtesten Spielen gehören *League of Legends, PUBG, Overwatch, Arena of Valor, FIFA Online 4, Starcraft II* und *Heroes of the Storm.*

Training

Professionelle Spieler begeben sich regelmäßig in sogenannte Bootcamps. Hier trainieren sie offline Taktiken im Team, arbeiten an ihrer Reaktionsgeschwindigkeit und schleifen wichtige Routinen ein. Einzelspieler suchen sich hingegen einen festen Trainingspartner, um ihre Leistungen zu verbessern.

Ausbildung

In koreanischen E-Sports-Akademien werden Nachwuchstalente trainiert, die eine Profikarriere anstreben. Die Schulen sind hart: Es gibt Hausaufgaben, Videoanalysen, viel zu wenig Schlaf und jede Menge Konkurrenzdruck. In dieser Multimillionen-Dollar-Industrie haben nur die besten unter ihnen die Chance, in eines der Top-Teams aufgenommen zu werden.

놀
노래
BI

BANG-KULTUR

Perfekte Rückzugsorte

Bang

Bei einem Aufenthalt in Korea fallen sofort die unzähligen Schilder mit der Aufschrift 방 auf, die in den Innenstädten auf sich aufmerksam machen. Das Zeichen wird »bang« ausgesprochen und bedeutet einfach nur »Raum«. Es gibt diese Räume für viele verschiedene Zwecke, und die meisten sind rund um die Uhr geöffnet. Wenn Koreaner gerade nicht hart arbeiten oder ihr köstliches Essen genießen, dann verbringen sie hier ihre Freizeit.

Unter sich sein

Die finanzielle Belastung durch Studium und Mieten ist hoch in Korea. Viele junge Leute ziehen daher erst spät zu Hause aus. Auch gibt es in der familienorientierten Kultur wenig Privatsphäre, und die kollektivistische Gesellschaft übt einen großen Leistungs- und Sozialdruck aus, dem man nur schwer entkommt. Aus diesem Grund haben sich die Koreaner mit den *bangs* einen geeigneten Rückzugsort geschaffen, in dem sie sie selbst sein, mit ihren Freunden Zeit genießen und dem Alltag entfliehen können, ohne dass sie be- oder verurteilt werden.

Noraebang

Die aus Japan stammenden Karaokebars sind zwar auch in Korea zu finden, doch weitaus verbreiteter ist hier der Besuch eines *noraebang*. Der Unterschied zur japanischen Variante ist, dass eine geschlossene Gesellschaft den Raum zeitweise bucht und hier feiert, singt, grölt und sich auch mal danebenbenimmt. Ausgerüstet ist ein *noraebang* immer mit der neuesten Karaokemaschine. Die Singenden spielen im Takt des Songs gerne auf Trommel oder Tamburin und tragen dazu witzige Outfits, bestehend aus Perücke, Maske und bunter Glitzerkleidung.

Zocken im PC-*bang*

Natürlich steht in jedem koreanischen Haushalt auch ein PC, aber Videospiele – besonders die, bei denen man auch mal fluchen will – spielen junge Leute lieber an einem stundenweise gemieteten Platz im PC-*bang*. Diese kommen in vielen Varianten daher: von verqualmten Zockerhöhlen bis hin zum Hightech-Daddel-Paradies mit neuster Technik und bequemen Gaming-Sesseln. Getränke und Essen werden direkt an den Platz geliefert. Das Futtern am PC wurde in den letzten Jahren so beliebt, dass dies nun die Haupteinnahmequelle der Betreiber ist.

Jjimjilbang

Die koreanische Sauna *jjimjilbang* ist der perfekte Ort, um das hektische Treiben in Millionenstädten wie Seoul oder Busan schnell zu vergessen. Die großen *jjimjilbangs* beherbergen neben verschiedenen Bädern, Saunen, Massagen und Eisräumen auch Fitnessstudios. Sie verfügen oft über eine kleine Kantine oder ein Imbiss, eine Dachteerasse mit Pool sowie bienenstockähnliche Schlafzellen, in denen man auch die Nacht verbringen kann. Koreaner, die die Außenwelt dann doch nicht ganz hinter sich lassen wollen, schauen die Nachrichten auf übergroßen Flatscreens.

↓ Gemütliches Separee in einem *manhwa*-Café.

DVD-*bang*

Besonders frisch verliebte Paare kehren zum Date gerne in einen DVD-*bang* ein. Am Eingang wählen sie einen Film aus, der in einem kleinen, dunklen privaten Raum gezeigt wird. Für manche Paare ist das Geschehen auf der Leinwand freilich nur von sekundärem Interesse – sie widmen sich gänzlich anderen Dingen, während der Soundtrack aus den Boxen donnert.

Manhwa-Café

Hier kommen Comicfans voll auf ihre Kosten: In der Mitte des *manhwa*-Cafés steht ein gut sortiertes Comicregal. In den Heften schmökern Besucher gemeinsam in einem gemütlichen Separee oder in einem Indoor-Campingzelt. Viele Anbieter stellen Snacks und Gesellschaftsspiele bereit. Letztere lassen sich auch in eigenen Board-Game-Cafés spielen.

Multi-*bang*

Ein Multi-*bang* vereint die Vorzüge diverser Bangs: Es handelt sich um einen komfortablen Raum zum Abhängen mit Freunden, in dem es Konsolenspiele, einen Flatscreen und manchmal auch eine Karaokemaschine gibt – perfekt, wenn niemand in der Gruppe so wirklich weiß, worauf er Lust hat.

Party Room

Braut- oder Babypartys feiern Koreanerinnen gerne in sogenannten Party-*bangs*. Die Räumlichkeiten für die Party werden stundenweise oder den ganzen Tag genutzt. Speisen und Snacks bringen die Gäste mit, doch Accessoires, Dekorationen und Kostüme stellt der Anbieter im gewünschten Stil bereit. Erinnerung an diesen besonderen Tag werden anschließend in der Photo Zone auf Bildern verewigt.

Inhyeong-bobkkii-bang

Schlichte Ladengeschäfte, vollgestellt mit Greifautomaten, erleben seit Kurzem ein großes Revival. Besonders die positive Reaktion auf Social-Media-Postings von gewonnenen Preisen, etwa niedlichen Puppen und Figuren, hat das Interesse am Steuern des Greifers wiedererweckt.

K WEB

Digitales Korea

Das koreanische Internet ist ein Sonderling, denn der Markt für IT-Konzerne funktioniert hier anders als in den meisten Ländern: Koreaner nutzen ihre eigenen Messengerdienste, Suchmaschinen und Apps. Alles begann Ende der 1990er-Jahre, als die Regierung ein großes Infrastrukturprogramm startete, an dessen Ende das Land eines der ersten war, das ein flächendeckendes Glasfasernetz nutzte. Trotzdem gilt Korea für Unternehmen als perfekter Testmarkt, denn die Koreaner gelten als sogenannte Early Adopter. Neue technische Errungenschaften, Internettrends und innovative Software werden hier nicht nur schnell, sondern auch gerne angenommen. Das beweist die Vielfalt, die das digitale Korea seinen »Netizens« zu bieten hat.

APPS

Die Must-haves auf koreanischen Handys

Das App-Dorado

Wegen seines blitzschnellen Internets und der allgemeinen Ungeduld in der Gesellschaft ist Korea die perfekte Umgebung für App-Entwickler – für jedes Problem gibt es hier eine Lösung in Form von Apps. Besonders Social-Media-Apps und Communityplattformen sind bei den Usern des Landes sehr gefragt.

NAVER NOW

Koreaner, die auf Web Dramas und Unterhaltungsshows stehen, laden sich NAVER NOW herunter. Neben einem großen Streamingangebot ist besonders der Communitybereich für sie interessant, denn dieser gewährt viele Einblicke in die Welt der K-Pop-Idols.

Papago

Der Name ist Esperanto und bedeutet Papagei – ein klarer Hinweis, darauf, dass diese App ein Übersetzungstool ist. Wegen der minimalistischen Benutzeroberfläche und der neuronalen Netzwerktechnologie N2MT, die hier zur Anwendung kommt, erhält diese App hierzulande den Vorzug vor im Westen bekannten Tools.

KakaoTalk

Der Messenger KakaoTalk ist die wichtigste App, um sich mit Freunden, Familie und Arbeitskollegen auszutauschen. Die App steht bereits in vielen anderen Ländern zum Download bereit – weltweit kommt der Service auf über 150 Millionen Nutzer. Weitere Dienste der Kakao Corp. sind KakaoMaps, KakaoSubway und Social-Media-Apps wie Daum Cafe und KakaoStory.

Zepeto
Im Metaverse von Zepeto toben sich mehr als 200 Millionen kreative User aus: Sie erstellen ihren eigenen 3-D-Avatar, erschaffen ihre individuelle Welt und interagieren in Chats oder Spielen mit ihren digitalen Freunden. Insbesondere Anhänger von Blackpink kommen hier auf ihre Kosten, denn hier treffen sie die von der Girlgroup selbst gesteuerten Avatare – zum Beispiel bei einer Signierveranstaltung oder bei einem Onlinekonzert. Diese Events sind so beliebt, dass bei einer großen Veranstaltung bis zu 46 Millionen User gleichzeitig online sind!

Coupang
Eine der am häufigsten heruntergeladenen Apps in Korea ist Coupang, weil Warenlieferungen hier am schnellsten gehen sollen: innerhalb eines Tages, auch am Wochenende. Mit Rocket Wow erhalten Nutzer zusätzlich Zugang zu einer Art Amazon Prime, und über Coupang Play können sie sich weitere Videoinhalte ansehen.

SNOW
Die koreanische Antwort auf Snapchat bietet ein umfangreiches Foto- und Videowerkzeug mit spaßigen Effekten, Filtern und Stickern. Mit dem Fotoeditor passen Nutzer ihr Make-up und sogar ihre Gesichts- und Körperform an, bis sie zu einer völlig anderen, mutmaßlich wunderhübschen Person werden.

Baemin & Yogiyo
Wenn es um Food Delivery geht, kommt niemand in Korea um die Apps Baemin und Yogiyo herum. Sie versprechen genau das, worauf koreanische Nutzer großen Wert legen: superschnelle Lieferungen, eine stattliche Auswahl an Restaurants für jeden Geldbeutel und ein effektives Bewertungssystem.

Duckple
K-Pop-Fans nutzen mit Begeisterung die Duckple-App, wenn sie sehen wollen, wo ihre Idols zuletzt gegessen haben oder welchen Ort sie besichtigt haben. Fallen Restaurants auf diese Weise auf, beschert ihnen das mit etwas Glück einen plötzlichen Ansturm junger Gäste.

UNIVERSE
Auf der Plattform UNIVERSE finden Groupies Musik, Fotos und Videos bekannter Künstler, die auch Textnachrichten und Anrufe beantworten – Letzteres wird allerdings von einer KI mit der Stimme des Stars generiert. Ein großer Spaß sind die aufgezeichneten Motion Captures der Idols, mit denen die Nutzer ihre eigenen Musikvideos erstellen.

NAVER

Internetsurfing in Korea

Eine Suchmaschine für eine Nation

Die koreanische Regierung hat lange Zeit internationale Suchmaschinen blockieren lassen, was erklärt, warum die einheimische Suchmaschine Naver von Nutzern hier immer noch bevorzugt wird. Die Website naver.com ist die wichtigste Adresse für die koreanische Digitalkultur. Sie ist eine Mischung aus Suchmaschine, Nachrichtenportal, Social-Media-Anwendung und Influencer-Hub. Als koreanischer Dienst versteht Naver seine anspruchsvollen Nutzer natürlich auch besser als andere Suchmaschinen.

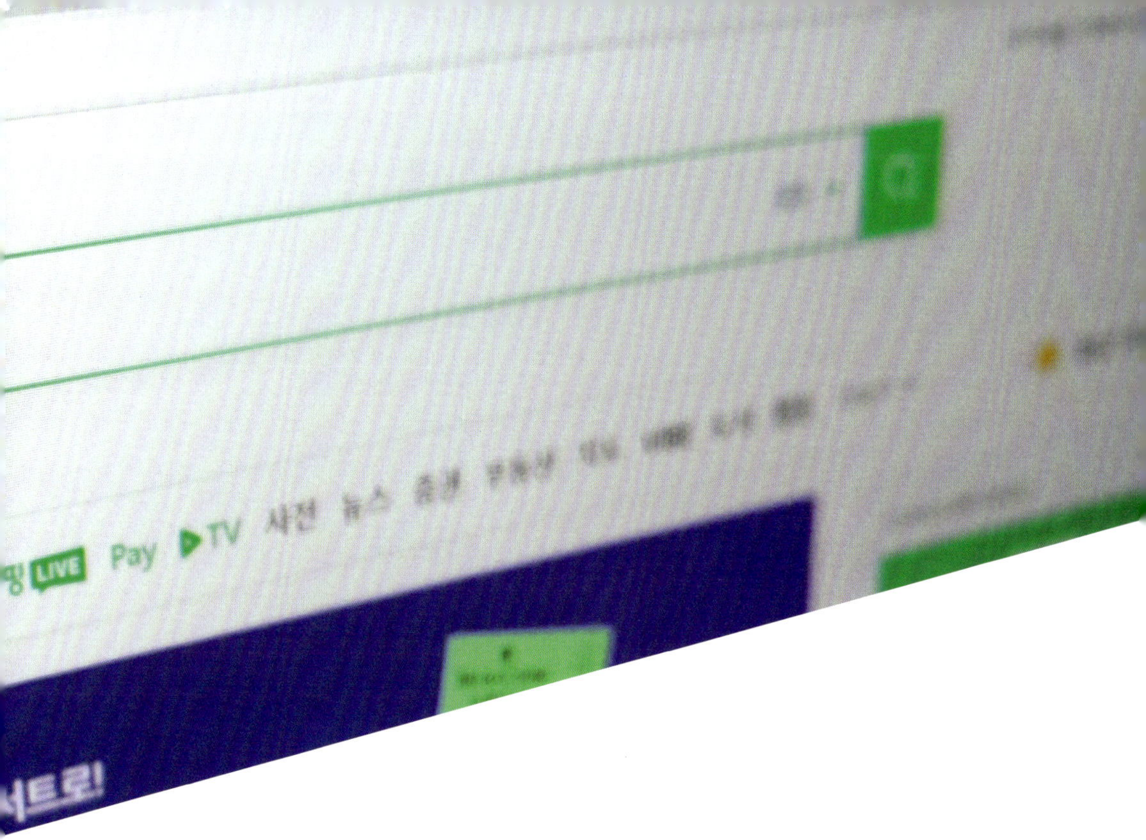

Naver vs. Google

Auf der quirligen Startseite von Naver ist viel mehr los als bei Google. Der Algorithmus, der für die zahlreichen Inhalte der Suchmaschine verantwortlich ist, basiert auf der koreanischen Sprache und liefert lokale, relevante Resultate. Diese sind etwas stärker personalisiert als die von Google, dafür auch kommerzieller: Naver zeigt viel Werbung und gesponserte Beiträge an und verweist oft nur auf die eigenen Services. Dies ist der Grund, warum viele Nutzer parallel auch auf Google suchen, wenn sie sich vielseitigere Ergebnisse erhoffen. Auf der anderen Seite sind die Suchresultate von Naver Maps immer etwas aktueller bzw. genauer als die des Konkurrenten aus Kalifornien – zum Leidwesen von Touristen, die Google Maps gewohnt sind.

Das Naver-Imperium

Die Naver Corporation bietet neben der Suchmaschine noch viele weitere Dienste: Statt auf Reddit tauschen sich Communitys auf Naver Cafe zu unterschiedlichsten Themen aus, mit Naver Blog ist ein einzigartiges Bloggingsystem entstanden, und auf Naver Webtoon sind Koreas kreativste Netizens aktiv. Darüber hinaus steht mit Whale ein eigener Browser zur Wahl, und es gibt noch weitere Services wie Naver Pay, Naver Shopping oder Naver Now. In Zukunft wird sich Naver noch weniger als Suchmaschine verstehen, sondern eher als ein umfassendes Unterhaltungsportal.

WEB-TOONS

Bunte Bildchen, packende Geschichten

Scrollen statt blättern

Webtoons sind digitale Comics, die, anders als viele Printausgaben, farbig und manchmal sogar mit Musik oder Soundeffekten unterlegt sind. Sie werden als lange vertikale Steifen veröffentlicht, so können Leser sie ohne Umblättern genießen. Webtoons werden auf bestimmten Plattformen oder auf Social Media, zum Beispiel als Instatoons, publiziert.

Wie alles begann

In den 2000er-Jahren veröffentlichten einige Indie-Künstler ihre *manhwas* im Netz – die Leser bekamen nicht genug davon, und Korea war um einen Megatrend reicher. Schnell wie immer reagierten Konzerne wie Naver und Kakao, aber auch Unternehmen wie Lezhin Comics sowie Toomics: In kurzer Zeit schufen sie fortschrittliche Webtoon-Portale und Apps, für die sie namhafte Zeichner gewinnen konnten.

Die Generationen

Die Entwicklung der Webtoons wird von begeisterten Lesern gerne in »Generations« aufgeteilt: Als Generation Zero gelten die ersten Webtoons, die noch klassisch von links nach rechts gelesen wurden. Autoren der First Generation ließen den Leser mittels Flash-Animationen mit dem Comic interagieren. Die Technik der Second Generation erlaubte schließlich das unendliche Scrollen nach unten. Die Third Generation ist der aktuelle Stand mit plattformübergreifender Nutzung und interaktiven Elementen. Mittlerweile haben Webtoons ihren Weg zurück zu ihren Ursprüngen gefunden: Viele der erfolgreichsten Webtoons sind nämlich nun auch als Comicheft erhältlich.

Die Zahlungsmethoden

Webtoons werden auf unterschiedliche Weise monetarisiert: Einige Serien erlauben das Lesen einer bestimmten Anzahl an Kapiteln pro Tag, andere bieten eine begrenze Anzahl an kostenlosen Kapiteln. Die kreativen Köpfe hinter den Webtoons erhalten Tantiemen auf der Basis von gezeigter Werbung oder durch die Unterstützung ihrer Leser.

Weniger Zensur

Anders als die *manhwa* aus dem Comicgeschäft unterliegen die Geschichten und Illustrationen der Onlinecomics nicht so strengen Zensurgesetzen. Daher werden neben den herkömmlichen Geschichten auch viele Webtoons mit sexuellen Inhalten produziert, die als Druckfassung keine Chance in Korea hätten.

Internationaler Erfolg

Die Koreanische Welle hat selbstverständlich auch die Webtoons in die verschiedenen Regionen der Welt gespült: Mit *Batman: Wayne Family Adventure* wurde 2022 erstmalig ein Webtoon in Zusammenarbeit mit DC Comics veröffentlicht. Naver bietet seine koreanischen Produktionen auf insgesamt neun Sprachen an. Auf der Website www.webtoons.com/de zum Beispiel können sich deutschsprachige Koreabegeisterte durch viele kostenlose Webtoons lesen. Das Unternehmen freut sich mittlerweile über 10 Millionen tägliche Leser.

Schnelle Unterhaltung

Digitales Zeichnen und Kolorieren geht schneller von der Hand als die klassische Arbeit an einem Comic. Das Veröffentlichen eines Webtoons ist mit ein paar Klicks erledigt. Zudem lassen sich Webtoons leichter korrigieren: Der Autor kann einfach Anpassungen vornehmen, wenn er auf das Feedback seiner Leser reagieren möchte. Diese Comicstreifen passen zum Zeitgeist – sie sind schnelle digitale Story-Snacks für zwischendurch.

Webtoons auf der Leinwand

Viele Webtoons sind so populär, dass ihre Geschichten verfilmt werden. In Korea wurden jeweils zwei Filme zu *Along With Gods* und *Steel Rain* gedreht. Auch die erfolgreichen Serien *Itaewon Class*, *D.P.: Dog Days*, *Sweet Home*, *True Beauty*, *Tomorrow* und *Hellbound* basieren auf Webtoons.

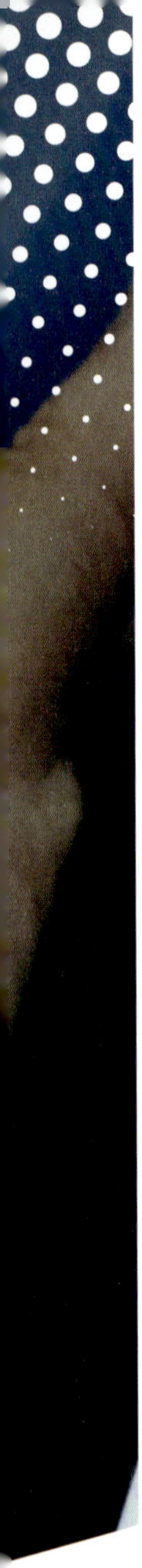

BLOGS

Blog is not dead!

Immer noch angesagt

Blogs erhalten weltweit nicht mehr so viel Aufmerksamkeit wie einst: Das sogenannte Microblogging auf Social Media hat den klassischen Blog abgelöst. Obwohl dies auch auf Korea zutrifft, gibt es immer noch eine Vielzahl an Bloggern, die ihre Leser mit unterhaltsamen und nützlichen Inhalten versorgen.

Die wertvollsten Blogs

Die wohl nützlichsten Blogs hierzulande sind die für Reisende und die für Foodies. Denn Koreaner googlen bzw. navern nicht, sie lesen Blogs: Zumindest wenn sie auf der Suche nach einem außergewöhnlichem Restaurant oder einen Traumstrand abseits der Touristenströme sind, lassen sie sich von den Beschreibungen und Bildern der Blogger leiten. Diese beschreiben bis ins kleinste Detail, worauf sich Leser einstellen können und wie sie die gewünschten Orte am schnellsten erreichen können. Kein herkömmlicher Reiseführer und kein Social-Media-Posting könnte diese wertvolle Arbeit ersetzen.

Naver Blog

Die wichtigste Plattform fürs Blogging in Korea ist Naver Blog, denn knapp zwei Drittel der bekanntesten Blogs werden hier betrieben. Der Zugang zu dieser Plattform und die Suche auf ihr sind einfach – und lukrativ für Blogger obendrein, denn einige von ihnen verdienen mit Werbung bis zu 10 Millionen Won im Monat (ca. 7.300 Euro). Es kommt auch vor, dass Blogs verkauft werden, sobald sie einen gewissen Bekanntheitsgrad erreicht haben. Für den Blogger kann sich das sehr lohnen, wenn er es schafft, mehrmals hintereinander erfolgreiche Blogs aufzubauen.

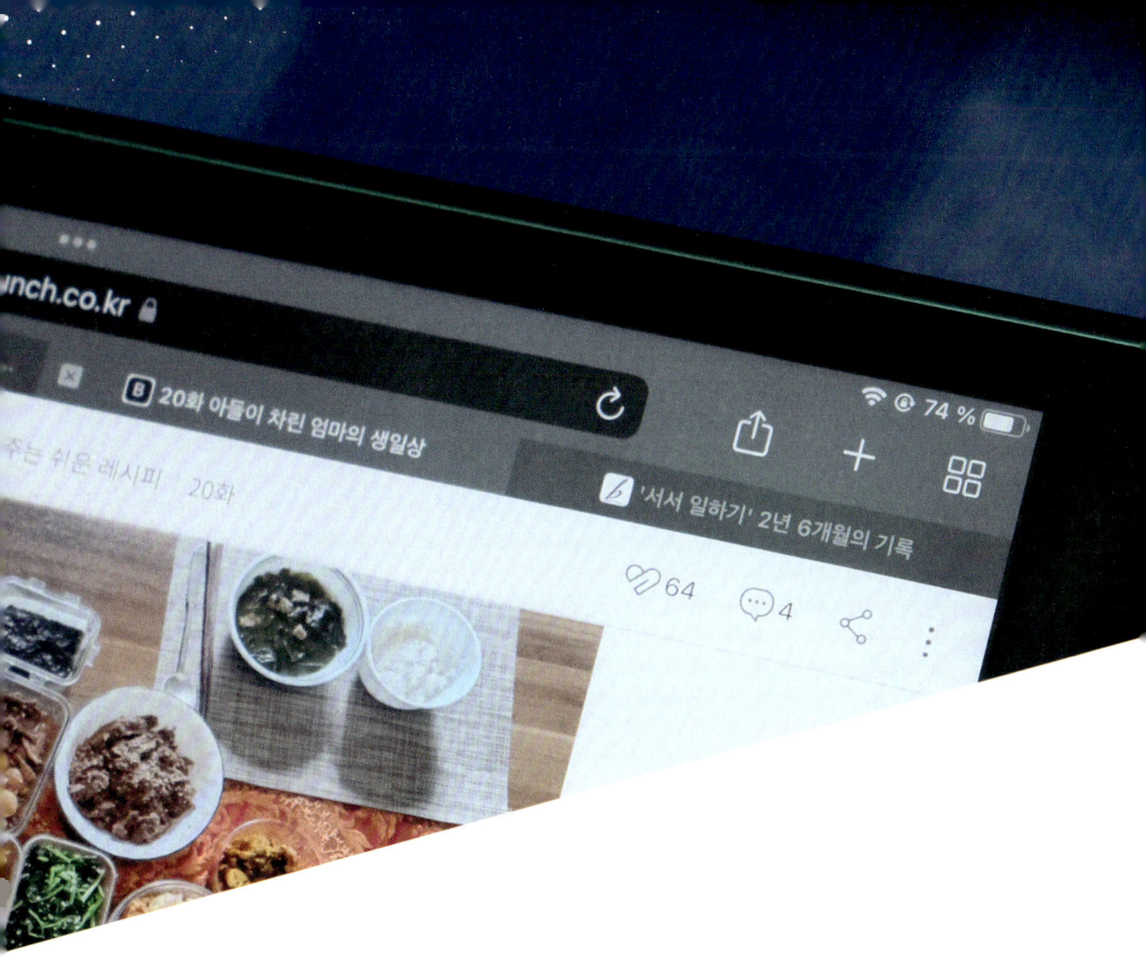

Tistory

Zahlreiche Blogger unterhalten auf Daums Tistory einen Zweitblog. Der Grund: Es ist der bisher profitabelste Weg, in Korea einen Blog zu betreiben. Denn mit Google AdScene können hier ganz leicht Google-Anzeigen geschaltet werden, die ein Algorithmus passend zur jeweiligen Blogseite auswählt.

Der ausgebliebene Nutzerschwund

Dass Nutzer die Bloggingplattformen nicht für Social Media verlassen haben, ist raffinierten Funktionen wie Naver Influencer zu verdanken: Auf einer einzigen Seite werden hier alle relevanten Social-Media-Kanäle eines Influencers angezeigt – darunter Twitch, YouTube, Instagram und natürlich auch Naver Blog.

Kakao Brunch

Was nach einem süßen zweiten Frühstück klingt, ist Koreas neueste und am schnellsten wachsende Bloggingplattform. Um hier posten zu dürfen, müssen die angehenden Blogger sich anfänglich als Autoren bewerben. So wird sichergestellt, dass Leser hier ausschließlich hochwertige Artikel zu lesen bekommen. Ausgewählte Beiträge zeigt auch die App KakaoTalk in einem mit Brunch verbundenen Kanal an.

GAMES

Koreas Spielelandschaft

Gaming-Standort

Es ist keine Überraschung, dass Korea als Herzstück des E-Sports auch einer der wichtigsten Gaming-Standorte der Welt ist. Das Land gilt als der viertgrößte Markt im Videospielbereich. Nachdem Game-Studios hierzulande bereits erfolgreich neue Technologien wie Virtual Reality und künstliche Intelligenz nutzten, setzen sie nun auf die Entwicklung von Metaverse- und Blockchain-Spielen.

Online-Games

Die Videospielindustrie des Landes hat stark von der staatlichen Förderung zur Digitalisierung profitiert und konnte aufgrund der starken Infrastruktur die Games schaffen, die Koreaner lieben: Online-Games – darunter in erster Linie MMORPGs, First Person Shooter, MOBAs und natürlich Mobile Games. Koreanische Gamer sagen von sich selbst, dass sie knackig-schwere Spiele mögen – aber nicht, wenn diese von Anfang an sehr schwer sind. Spiele, die hier Erfolg haben wollen, müssen also herausfordernd sein, aber dennoch eine faire Lernkurve aufweisen, sonst »hookt« es die Gamer hierzulande nicht.

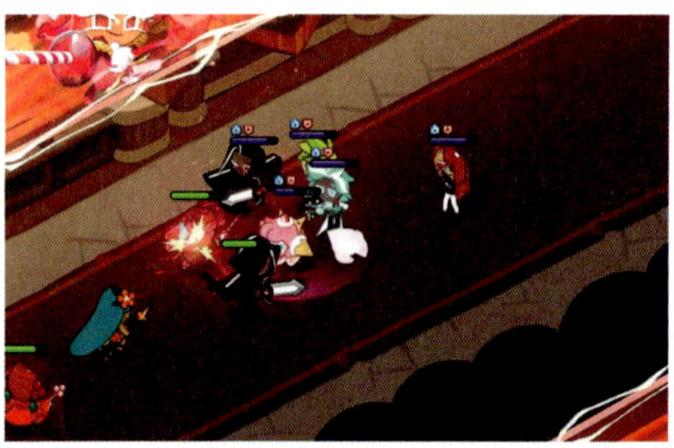

Mobile Games

Wenn es um die Entwicklung neuer Mobile Games geht, rangiert das Land ebenfalls auf Platz vier weltweit. Denn das Zocken auf dem Handy gehört absolut zum Alltag: Über die Hälfte der Koreaner spielt regelmäßig Handyspiele. Zu den angesagtesten gehören das süße *Cookie Run: Kingdom,* ein RPG mit Städtebau, das actiongeladene Fantasy-MMORPG *V4* sowie die Mobile-Ableger des PC-Spiel-Hits *Lineage.*

Die Studios

Zu den wichtigsten Spieleentwicklern gehören NEXON, das für Hits wie *V4* und *KartRider* verantwortlich zeichnet, und NCSOFT, die mit *Lineage* eine der erfolgreichsten Spielereihe überhaupt entwickelt haben. Dem Studio KRAFTTON verdanken Gamer den Shooter *PUBG: Battlegrounds,* mit dem das Battle-Royale-Genre enorme Popularität erlangte.

Crypto Games

Die Entwickler von WeMade Entertainment setzen auf ihrer Gamingplattform WEMIX mit Spielen wie MIR4 und Dark Eden M auf die Blockchain-Technologie, bei der Spieler über Kryptowährungen selbst Geld beim Zocken verdienen können. Noch hat die Regierung Vorbehalte gegen diese Art Spiele und bisher keines davon freigegeben. Dies hat jedoch keine Auswirkungen auf Spieler, die vom Ausland aus auf WEMIX zugreifen.

Gaming-Nostalgie

In Korea ist eine interessante Entwicklung zu beobachten: Erfahrene Gamer wünschen sich die Games zurück, die sie früher rauf- und runtergedaddelt haben. Da sehr viele Klassiker neu als Mobile Game aufgelegt werden, bekommen sie nun genau das. Die Entwickler freut es auch, denn »in die Jahre gekommene« Spieler gelten als sogenannte Heavy Gamer, also wirtschaftlich stabile Kunden, die bereit sind, sich ihr Hobby etwas kosten zu lassen.

INTERNET

Schneller surft kaum jemand

Koreaner im Netz

Das Internet in Korea ist nicht nur das bestausgebaute der Welt – ihm wird hier auch von allen Seiten, von den Nutzern, der IT-Branche sowie von der Regierung, eine große Bedeutung beigemessen. Koreaner genießen die Vorzüge des Netzes: Es ist ihnen wichtig, immer up to date zu sein und das Potenzial von Internetservices voll ausnutzen zu können – insbesondere deshalb, weil sich viele gesellschaftliche Dinge online abspielen.

Highspeed

Das Land verfügt im Durchschnitt über eine der schnellsten Internetverbindungen der Welt – nur Singapur war in den letzten Jahren manchmal schneller. Dienste mit 100 Mbit/s sind Standard, und derzeit werden sehr viele 1-Gbit/s-Verbindungen geschaffen – vielleicht in der Hoffnung, Singapur wieder vom Geschwindigkeitsthron zu stoßen.

Vorsicht, toxisch!

Da in der Gesellschaft ein traditionsbewusstes, respektvolles und harmonisches Miteinander großgeschrieben wird, gibt es sehr oft Dinge, die nicht offen ausgesprochen werden – zumindest nicht offline. Im K-Web jedoch treiben sich sehr viele aggressive Netizens und Trolle herum, die so manche Community auf bösartige Weise beeinflussen. Oft wird daher auch in der Politik diskutiert, ob die Anonymität im Internet aufgehoben werden sollte.

E-Government

Korea ist auch in Sachen E-Government ein Vorreiter: Sehr viele Interaktionen mit behördlichen Institutionen laufen digital ab. Die Regierung hat das Internet von Beginn an staatlich unterstützt und immer weiter ausbauen lassen. Das geht sogar so weit, dass sich Koreaner selbst in U-Bahn-Stationen an besonderen Automaten staatliche Dokumente ausdrucken lassen können. Derzeit exportiert die koreanische Regierung ihre Konzepte in Länder wie Usbekistan, Kasachstan, Ecuador und Costa Rica. Zur Etablierung von E-Government-Systemen hat der Konzern LG CNS große Aufträge aus Bangladesch, Bahrain und Indonesien an Land gezogen.

8,000
8,000
COVERNAT

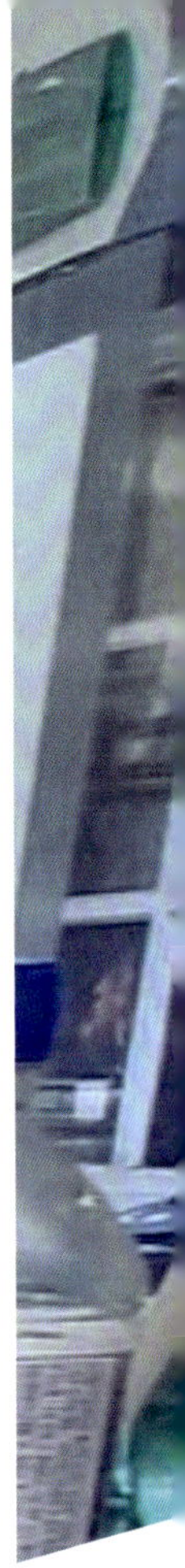

MUKBANG

Hier wird geschmatzt und geschlürft

Mahlzeit!

Beim *mukbang* isst ein Videostreamer vor laufender Kamera eine Mahlzeit und schmatzt dabei genüsslich ins Mikrofon. Was beim ersten Ansehen vielleicht befremdlich erscheinen mag, entpuppt sich schon bald als Faszinosum. Ja, das laute Kauen und Schlürfen ist gewollt, genauso wie die übergroßen Portionen und eine beeindruckende Auswahl an Beilagen.

Das große Schmatzen beginnt

Das Internetphänomen *mukbang* ist um 2010 auf AfreecaTV als eigenes Videogenre entstanden. Sein Name ist eine Wortschöpfung aus *meokneun* (essen) und *bangsong* (Sendung). *Mukbang* hat sich als Nischenerscheinung auf AfreecaTV entwickelt – zu einer Zeit, als das Unternehmen gegen urheberrechtlich geschützte Inhalte vorgingen und viele beliebte Formate deshalb nicht mehr gezeigt werden konnten. Der Streamer MC인진 gilt als der Erfinder des *mukbang,* da er als Erster absichtlich live auf AfreecaTV eine Portion *ramyeon* aß. Jedoch war es MC태현, der kurz darauf als Erster den Begriff *mukbang* gebrauchte. Als es die Nutzer nach der Löschung und Sperrung vieler Inhalte nach neuen Inhalten hungerte, wurden sie auf die mampfenden Streamer aufmerksam, und ihr Appetit auf mehr derlei leckeren Content war nicht mehr zu stillen.

Den Mund zu voll genommen

Zu den ersten »Mukbangern« gehörten Banzz, Fran und Mbro, die es meisterhaft verstanden, extrem große Mengen zu vertilgen, etwa zehn Portionen *ramyeon* hintereinander. Doch manche Broadcast Jockeys der ersten Generation gerieten in Verruf wegen ihrer Zusammenarbeit mit den Fastfoodherstellern. Außerdem wurde vermutet, dass die Streamer bei den Essensmengen geschummelt haben.

Der wohlige Schauer

Der Grund, warum die Essgeräusche vielen Zuschauern ein wohliges Gefühl verursachen, liegt laut Experten im ASMR begründet. Dieses Akronym steht für *Autonomous Sensory Meridian Response* und meint das Kribbeln, das auf der Kopfhaut und im Nacken entsteht, wenn es durch einen bestimmten Reiz ausgelöst wird. Auch ein Knistern, eine beruhigende Stimme oder andere sanfte Klänge können für diesen angenehmen Schauer sorgen.

(Gem)einsam essen

Dass *mukbang* ausgerechnet in Korea entstanden und so populär geworden ist, mag zwei Gründe haben: Erstens kommt dem Essen hier eine besondere Bedeutung zu, da es immer stark mit sozialen Aspekten verknüpft ist. Zweitens leben im familienorientierten Korea immer mehr Menschen allein und fühlen sich beim Essen deshalb einsam. Jemandem beim Schlemmen zuzusehen und zuzuhören, hat dann eine doppelt beruhigende Wirkung: Auch der YouTuber weiß, dass er nicht mehr allein essen muss.

À la carte

Mukbang-Streamer essen alles, solange es nicht allzu gesund ist: Auf der Speisekarte stehen *ramyeon*, Eintöpfe, *tteokbokki*, gebratenes Hähnchen, Gerichte mit Meeresfrüchten, Pizza und Sushi. Das Ganze wird dann natürlich genauso genüsslich mit allerlei Getränken heruntergespült.

Die drei Disziplinen

Drei Arten von *mukbang*-Genres sind höchst beliebt:

- Die Challenge, bei der die Streamer neue Gerichte probieren, die sie in irgendeiner Art vor eine Herausforderung stellen. Das kann ein besonders schwer zu kauende, große Mahlzeit, eine exotische oder eine sehr scharfe Speise sein. YouTuber, die sich dieser Disziplin verschrieben haben sind Tzuyang, Eat with Boki und Heebab.
- »Gourmet-Mukbanger« widmen sich tatsächlich dem Geschmack. Sie kommen der Definition von Foodies sehr nahe, denn oft waren oder sind sie Food-Blogger, die im Stream nun alles an einer Speise live bewerten: wie es schmeckt, die Konsistenz, mit welchen anderen Speisen ihre Auswahl kombiniert werden kann und den Preis. Bekannt geworden sind hierdurch vor allem Hamzy und YAMMoo.
- Wer nicht gerne allein isst, für den sind Mukbanger wie naong_bbang die richtige Wahl: Auf Twitch spielt naong_bbang Games, isst köstliche Gerichte und kommuniziert viel mit ihren Zuschauern. Diese *mukbang*-Spielart ist jedoch nicht die gefragteste – vermutlich, weil der ASMR-Effekt hierbei zu kurz kommt.

Der zweite Gang

Die neueste Generation Mukbanger versucht, das übermäßige Essen nicht allzu sehr zu verherrlichen, da ihnen bewusst ist, dass *Binge-Eating* Essstörungen hervorrufen kann. Darüber hinaus kochen einige Streamer ihre Speisen selbst. Sie wissen, dass nicht nur ihre Gerichte gute Zutaten brauchen, sondern auch ein YouTuber die richtige Mischung an schmackhaften Inhalten liefern sollte: Mukbanger wie Han Si-yeon, Uni's Meals und die Potato Sisters zeigen sich auch von ihrer privaten Seite, was bei ihren Followern sehr gut ankommt.

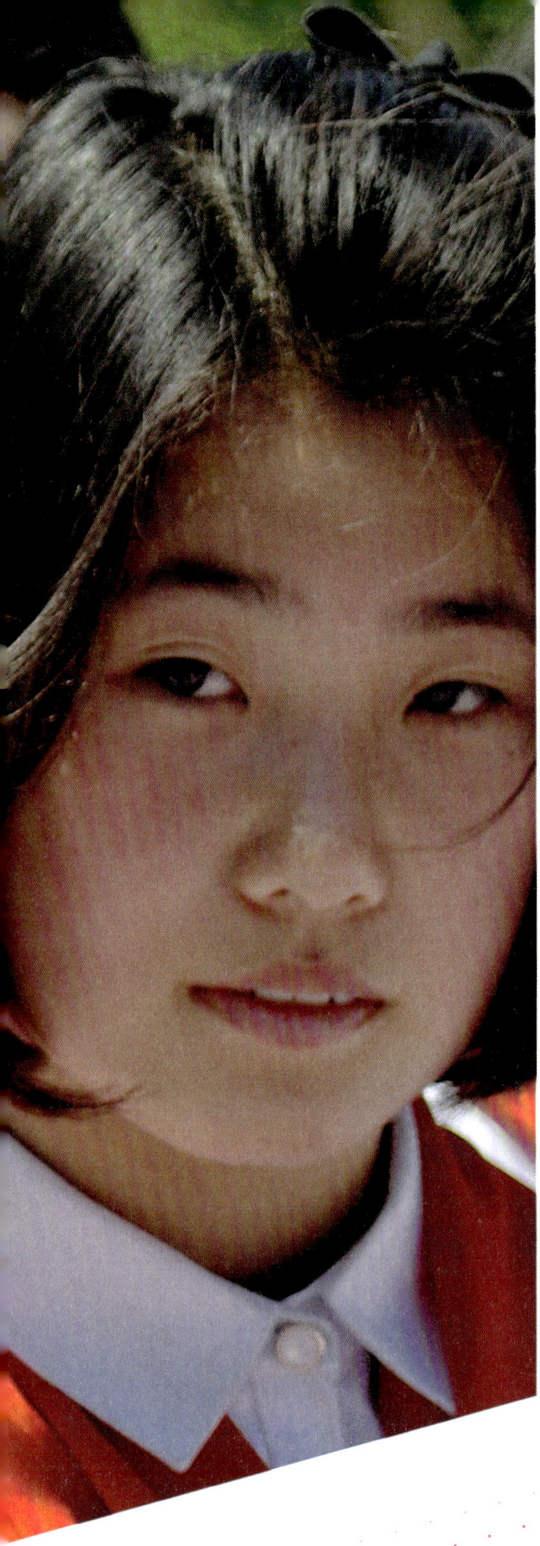

NORD-KOREA

Die Demokratische Volksrepublik Korea im 21. Jahrhundert

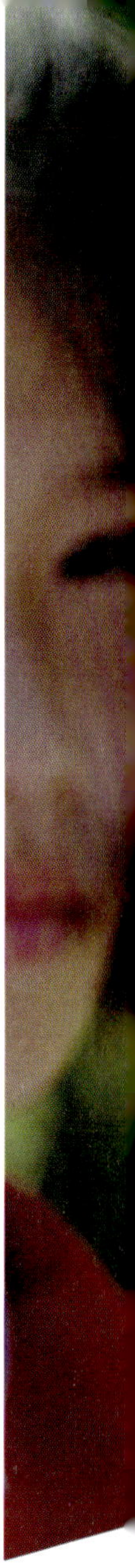

Kim und die Bombe

Lange Zeit haben fast alle Nachrichten zum Thema Nordkorea gerne den nordkoreanischen Diktator Kim Jong-un und seine Atomraketen behandelt. Das Bild vom kommunistischen Superbösewicht und von seinem ihm treu ergebenen Volk ist ein einfaches Narrativ, das in einer immer komplexer erscheinenden Welt einen großen Reiz ausübt. Dass sich auch Nordkorea im 21. Jahrhundert befindet und die Menschen dort nicht so naiv sind wie vermutet, ist langsam in den Medien angekommen.

Kwangmyong

In Nordkorea hat die Bevölkerung keinen öffentlichen Zugang zum Internet. Stattdessen ist sie über Kwangmyong verbunden, das nordkoreanische Intranet. Etwa 5.000 Seiten gibt es hier zu lesen (zum Vergleich: in Deutschland sind etwa 14 Millionen .de-Domains registriert). Darunter sind einige aus dem World Wide Web kopierte, aber zensierte Webseiten. Jedoch können die Intranetnutzer gemeinsam Spiele über das Netzwerk spielen, Onlinebanking betreiben und ein passendes Date finden. Außerdem hat Nordkorea mit dem Shoppingportal Manmulsang sein eigenes kleines Amazon geschaffen, über das die Menschen »online« einkaufen können.

Schmugglerring am Grenzfluss

Die Grenze zu Südkorea ist eine undurchlässige Todeszone, doch über den Fluss Yalu, der Nordkorea und China voneinander trennt, fließen viele Güter ins Land – darunter auch illegale Waren. Mit dem Schmuggel riskieren Nordkoreaner im schlimmsten Fall ihr Leben, doch wenn sie erfolgreich sind, verdienen sie sich als Teil des organisierten Schwarzhandels einiges dazu. Besonders heikle Schätze werden auf SD-Karten geschmuggelt: K-Dramen und K-Pop-Inhalte!

Manbang-Streaming

In Nordkorea werden zwei einheimische Streamingdienste genutzt, der populärere von beiden ist Manbang. Die Hardware hierfür kommt als unscheinbarer grauer Kasten daher, wird billig in China produziert und zur nordkoreanischen Marke umgestaltet. Manbang bietet eine große Anzahl staatlicher Programme: Filme, Sportübertragungen, Dokumentationen und natürlich Propagandasendungen. Der Kasten ermöglicht es dem Regime, Einblicke in die Fernsehgewohnheiten der Nation zu bekommen und den Empfang ausländischer Sender zu verhindern.

Nordkorea und K-Pop

Im Jahr 2021 hat Machthaber Kim Jong-un die Jugend aufgefordert, sich nicht so zu kleiden und zu frisieren und auch nicht so zu sprechen wie die Darsteller in südkoreanischen Fernsehsendungen – dies sei »unappetitlich, individualistisch und antisozialistisch«. K-Pop bezeichnete er als »bösartigen Krebs«. Laut Human Rights Watch werden viele Jugendliche zum Arbeiten in Bergbauminen, auf Feldern oder Baustellen gezwungen – sehr wahrscheinlich versucht das Regime so, die jungen Leute in Schach zu halten.

Smartphones

In Nordkorea werden sie »Touch Phones« genannt: Die Smartphones chinesischer Hersteller, die in nordkoreanischen Produktionsstätten umgebaut werden, verfügen über Bluetooth, 3G-Verbindungen, eine Kamera und einen Micro-SD-Steckplatz. Es wird geschätzt, dass über 4,5 Millionen der 26 Millionen Einwohner eines dieser Smartphones besitzen. Eine Internetverbindung ist damit nicht möglich, aber der Zugang zum nordkoreanischen Intranet wird unterstützt. Interessanterweise sind standardmäßig über 100 Spiele auf dem Handy installiert – darunter selbst entwickelte Spiele, doch auch Klassiker wie *Angry Birds, Super Mario* und *Pflanzen gegen Zombies.* Angeblich sind private Nachrichten auf den Geräten verschlüsselt, doch westliche Technikspezialisten fanden auf dem Ariran-Handy jede Menge Spyware, die die diktatorische Führung vermutlich zum Ausspionieren der Bevölkerung nutzt.

Südkoreanische Popkultur als Fluchtgrund

Dass das nordkoreanische Regime den Besitz großer Mengen an Medien aus dem Süden unter Todesstrafe stellt, zeigt, wie groß die Angst vor der südkoreanischen Popkultur in Pjöngjang ist. Menschen, die aus Nordkorea entkommen konnten, berichteten, dass viele im Volk nur vorgeben, den »Obersten Führer« zu bewundern – abends würden sie heimlich K-Dramen anschauen und von einem Leben in Freiheit träumen. Hunderte befragte Überläufer gaben an, dass das Ansehen von K-Dramen eine Rolle bei ihrer Entscheidung für die Flucht spielte.

K CITY

Urbanes Korea

Funkelnde Neonschilder, stressige Rushhour, wuselige Nachtmärkte, überfüllte Shoppingmalls, lebhafte Bars und Restaurants, hippe Studentenviertel und pumpende Bässe in den Clubs – das ist das urbane Korea! Doch nichts in den Millionenmetropolen des Landes bleibt, wie es ist: Ein angesagter Imbiss kann in ein paar Monaten zu einem Themencafé geworden sein, auch Highways sind schon verschwunden und zu Erholungsräumen für Einwohner umgewandelt worden. Die Regierung verfolgt umfassende Stadterneuerungsprogramme, deren Ende nicht abzusehen ist. Mit der Stadt Songdo hat sie sich sogar selbst übertroffen und eine smarte Planstadt aus dem Nichts erschaffen. Auch im Kleinen wird bewusst in lokale Projekte investiert, um Nachbarschaften wiederzubeleben, die Wirtschaft und den Tourismus zu fördern. Koreas Metropolen bilden auch das Herzstück der Jugendkultur, die den städtischen Raum kreativ und unablässig neu gestaltet.

SEOUL

Die Stadt mit den vielen Gesichtern

Einfach riesig!

Die Metropolregion Sudogwon mit Seoul in der Mitte ist eine der größten der Welt. Hier leben etwa 25 Millionen Menschen, etwa die Hälfte der Einwohner Südkoreas. Seoul ist so groß, dass man von einem Ende der Stadt bis zum anderen etwa 2,5 Stunden Fahrzeit braucht, was sehr ermüdend sein kann. Durch die Koreanische Welle Hallyu ist Seoul für viele junge Menschen aus dem Ausland zur Traumstadt geworden. Doch welchen Traum sie für den Einzelnen bereithält, ist ein urbanes Geheimnis, das diese schwer zu begreifende Stadt nicht so leicht preisgibt.

Das Herz des Landes

Alles, was wichtig ist, spielt sich in Seoul ab: Viele international erfolgreiche koreanische Firmen haben hier ihren Hauptsitz, darunter Samsung, LG, Kia und Hyundai. Außerdem befinden sich mit der Seoul National University, der Yeonsei University oder der SKKU einige der besten Unis des Landes in der Stadt. Die Politik versucht, dem entgegenzuwirken, und hat mit Sejong sogar eine Planstadt geschaffen, in die einige Seouler Regierungsgebäude verlegt werden sollen. Doch da die Dezentralisierung bereits seit 20 Jahren läuft, ist es fraglich, ob sie jemals gelingen wird.

Typisch Seoul

Die Einkaufsstraßen sind voller Menschen, Verkäufer und Essensstände – hier und da treibt ein Pkw oder Motorroller mitten in der Fußgängerzone die Masse auseinander, bis sie sich im Schein der flimmernden Leuchtreklamen ganz organisch wieder zusammenfügt. Pendler strömen in die U-Bahnstationen und wieder hinaus, und in den modernen Shoppingmalls wie dem Lotte-Einkaufszentrum oder der COEX-Mall sowie auf den großen Märkten Gwangjang, Namdaemun und Dongdaemun herrscht bis spät in die Nacht ein unübersichtliches Treiben.

Aktivitäten

Auch wenn Seoul scheinbar nie zur Ruhe kommt – über fehlende Erholungsangebote können die Einwohner nicht klagen. In riesigen Parks wie dem Children's Grand Park und dem Olympic Park oder beim Wandern auf den städtischen Bergen Namsan, Inwangsan oder Bukhansan kommen sie der Natur wieder etwas näher. Darüber hinaus laden die gut ausgebauten Ufer des Han-Flusses zum Fahrradfahren ein. Die außergewöhnliche Kaffeekultur hat der Stadt zudem unzählige Cafés beschert, und dass Seoul auch ein Paradies für Studenten ist, beweisen einzigartige Freizeitaktivitäten und ein aufregendes Nachtleben.

Stress und Luftverschmutzung

Idyllisch, harmonisch, still – all das ist Seoul nicht. Seoul ist stressig, angeblich sogar einer der stressigsten Industriestädte der Welt. Das ist mit der Lärmbelastung und dem typisch koreanischen superschnellen Lebenswandel zu erklären, bei dem keine Zeit zum Verschnaufen bleibt. Apropos verschnaufen: Tiefes Einatmen ist in Seoul nicht ratsam, denn die Luftverschmutzung kann hier sehr hoch sein. Ein Blick auf eine spezielle App oder auf die warnenden Lichter am N Seoul Tower in der Stadtmitte hilft bei der Einschätzung der aktuellen Feinstaubbelastung.

METRO-POLEN

Koreas Millionenstädte

Busan – 3,4 Millionen

Busan ist die zweitgrößte Stadt des Landes und liegt eingezwängt zwischen den Bergen Sujeongsan, Hwangryeongsan und einigen weiteren, und grenzt im Süden ans Meer. Sie bietet Bewohnern sowie Besuchern eine gute Auswahl an städtischen Stränden, von denen Haeundae der belebteste ist. Grundsätzlich geht es in Busan etwas entspannter zu als in Seoul. Die Menschen scheinen hier auch etwas kontaktfreudiger zu sein und sprechen einen interessanten Dialekt, der vielleicht mit der »Berliner Schnauze« vergleichbar ist. Der wird in den vielen Gangsterfilmen, die häufig in der Hafenstadt spielen, gesprochen und kommt unwahrscheinlich gut an. Filme haben auch darüber hinaus eine besondere Bedeutung für die Metropole, denn sie ist Gastgeber des Busan International Filmfestival (kurz BIFF), eines der größten Events für Cineasten in Asien.

Daegu – 2,4 Millionen

Durch seine geografische Lage ist Daegu im Sommer die heißeste und im Winter die kälteste Stadt Koreas. Wegen der besonderen klimatischen Bedingungen sind in der Region um Daegu Apfelplantagenangelegt worden. Die Metropole trägt daher den Spitznamen »Apfelstadt«. Daegu wird von den Flüssen Sincheon und Geumhogang umflossen, gilt als Textil- sowie Modezentrum des Landes und ist berühmt für seinen traditionellen Markt, auf dem auch mit orientalischer Medizin gehandelt wird.

Gwangju – 1,4 Millionen

Im Südwesten des Landes, in der Provinz Jeollanam-do, liegt Gwangju. Die Stadt ist bekannt für einen Aufstand gegen die damalige Militärregierung im Jahr 1980, der in einem Massaker endete, und gilt daher als ein wichtiger Standort der Demokratisierung in Korea. Gwangju beherbergt viele internationale Universitäten, und viele Studenten beleben die Straßen der trotz ihrer Größe recht gemütlichen Stadt. Ferner ist Gwangju für sein großartiges gastronomisches Angebot berühmt, das eine Vielzahl an Streetfood-Ständen und traditionelle Restaurants beinhaltet.

Daejeon – 1,5 Millionen

Die fünftgrößte Stadt Koreas befindet sich im Zentrum des Landes und ist von vielen bewaldeten Hügeln mit heißen Quellen umgeben. Den Einwohnern wird daher nachgesagt, sehr naturverbunden zu sein. Daejeon ist darüber hinaus für sein National Science Museum bekannt und gilt als Medienstadt, weil sowohl große Sender wie KBS und MBC als auch einige lokale Stationen hier angesiedelt sind.

CCTV

SZENE-VIERTEL

Hippe Stadtteile in Korea

„Hipjiro“

Wegen der vielen Wohn- und Geschäftskomplexe und Shoppingmöglichkeiten wurde das Viertel Euljiro schon früh von vielen Seoulern angesteuert. Eine Besonderheit ist noch immer die einzigartige Gassenlandschaft mit unzähligen kleinen Läden wie Druckereien, Werkzeug- und Lampengeschäften, in der man sich schnell verlaufen kann. Die Navigation mit GPS ist hier nicht sinnvoll, die Gefahr, dass man etwas Interessantes verpasst, ist groß. Das Viertel hat sich zu einem der angesagtesten Seouls gewandelt. Die Tatsache, dass es gerne »Hipjiro« genannt wird, unterstreicht das.
Denn abends wird das Viertel zum Tummelplatz für junge Menschen, die in den Gassen auf Erkundungstour gehen, bei der sie so manche hippe, neue Bar entdecken können.

Yeonnam-dong

Seitdem immer mehr Künstler sich unter die Bewohner dieses Seouler Stadtteils gemischt haben, hat dieses ursprünglich eher gemütliche Viertel viel mediale Aufmerksamkeit erhalten: Yeonnam-dong ist bekannt für den Dongjin-Flohmarkt und die vielen einzigartigen Buchläden in der »Bücherstraße« Gyeonguiseon, die immer mehr Gäste hierherlocken. Seine für Seoul ungewöhnlich ruhige Atmosphäre hast sich das Viertel dennoch bewahrt.

→ In Hongdae ist immer etwas los – der Klassiker unter den Ausgehvierteln in Seoul.

Mangwon-dong

Im Bezirk Mapo-gu am Fluss Han ist das eng bebaute Mangwon-dong zu finden. Nicht weit entfernt befindet sich die Hongik University, deren Studenten gerne den Mangwon-Markt und die umliegenden Gassen bevölkern. Als Herzstück des Viertels gilt die Mangridan-Straße. Die ist bei Influencern beliebt, da sie der perfekte Ausgangspunkt für eine Einkehr in die hübschen Restaurants und Cafés ist, die sich als ausgezeichnete Hintergründe für Instagram-Schnappschüsse eigenen.

„Brooklyn of Seoul"
Seongsu-dong erinnert Einheimische sowie Besucher an Brooklyn. Das Viertel versprüht wegen der alten Fabrik- und Wohnhäuser, in denen zahlreiche Cafés und Restaurants untergebracht sind, einen gewissen New Yorker Industriecharme. Nicht weit von hier befindet sich der Common Ground, ein Platz mit gestapelten Schiffscontainern, die einige interessante Läden beherbergen.

Apgujeong-gil

Die Einkaufstraße Apgujeong im gehobeneren Stadtteil Gangnam zieht Modebegeisterte, Gäste exklusiver Gastronomie und Kunden stilvoller Geschäfte an. Wohlhabende Koreaner haben hier früher gerne mit ihrem Reichtum geprotzt, sodass die Straße auch gerne »das Beverly Hills von Seoul« genannt wurde. Doch nun haben auch junge Leute die Straße für sich entdeckt, und in den zahlreichen Boutiquen, Designer- und Vintage-Läden der Seitenstraßen warten ausgezeichnete Angebote für jeden Geldbeutel.

Ikseon-dong

Ein eindrucksvolles Labyrinth aus engen Gassen und Hanok-Häusern bietet sich Besuchern in Ikseon-dong. Kleine Geschäfte, Cafés und Restaurants mit einzigartigen Konzepten verbinden hier das moderne mit dem traditionellen Korea. Das ist sicher auch der Grund, warum das Viertel gerne von jungen Paaren aufgesucht wird – es ist perfekt für ein Date.

Songridan-gil

In Jamsil, südlich des Han-Flusses, hat in den letzten Jahren mit Songridan-gil ein weiteres Szeneviertel auf sich aufmerksam gemacht – oder vielmehr die ästhetischen Bilder von leckeren Speisen und angesagten Cafés in den sozialen Medien. Das Viertel ist der perfekte Ort für eine Verabredung in Seoul – die Auswahl an Restaurants und Cafés könnte nicht abwechslungsreicher sein.

Hwangridan in Gyeongju

Ins beschauliche Gyeongju fahren viele Koreaner gerne über das Wochenende. Speziell in Hwangridan wird es dann so voll, dass sich vor den traditionellen Hanok-Cafés öfter Schlangen bilden. Junge Leute schätzen zudem die vielen Fotostudios hier, in denen sie sich zur Erinnerung an ihren Besuch auf witzigen Bildern ablichten lassen.

Youth Balsan Village in Gwangju

Das Youth Balsan Village ist ein kleiner, bunter Stadtteil, den Koreaner ebenso wie Touristen wegen der vielen lohnenden Fotomotive lieben. Fast an jeder Wand prangt eine schöne Malerei, dazu findet man überall niedliche Gärten und zahlreiche Skulpturen.

Yasi-golmok in Daegu

Dieses Viertel mit seiner lockeren Atmosphäre ist für seine *noraebangs* (siehe Seite 130), Nachtclubs und *hofs* bekannt. Als *hof* bezeichnen Koreaner Hofbrauhäuser auch tatsächlich von deutschen Bierhallen inspiriert sind. Die meisten sind in der Nähe der Rodeo Street in Yasi-golmok zu finden.

Gamcheon in Busan

Das Gamcheon-Kulturdorf lockt nicht nur mit seinen wunderschönen Wandbildern Besucher in seine verwinkelten Gassen (siehe Seite 191), sondern bietet darüber hinaus interessante Aktivitäten – etwa eine Schnitzeljagd durchs Viertel –, ein kleines Haushaltsmuseum mit dem passenden Namen »Little Museum« sowie richtig leckeres Streetfood.

JIHA-CHEOL

Die beste U-Bahn der Welt

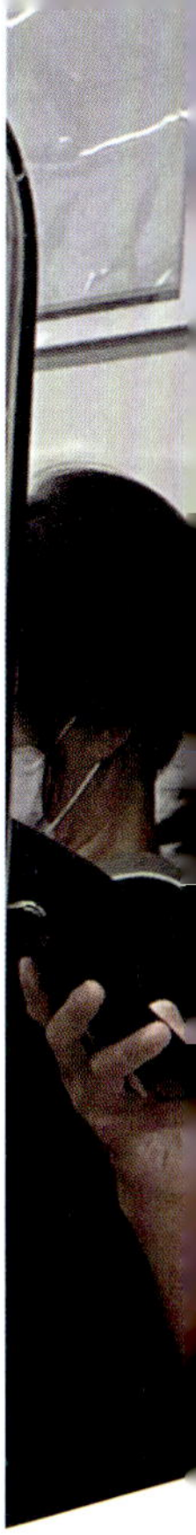

Pünktlichkeit

Über Verspätungen können sich die Fahrgäste der Seouler U-Bahn nicht beklagen: An den wichtigsten Stationen fahren Züge im Ein- bis Fünfminutentakt. LCD-Bildschirme informieren sekundengenau darüber, wann die nächste Bahn einfährt. Sollte es dennoch einmal zu einer Verspätung kommen, können betroffene Pendler ihren Arbeitgebern direkt ein Entschuldigungsschreiben der Linienbetreiber über eine App zukommen lassen.

Sicherheit

Jede U-Bahn-Station in Seoul ist mit Sicherheitstüren ausgestattet, um den Zugang zu den Gleisen zu verhindern. An fast jeder Ecke gibt es Feuerlöscher, Wasserschläuche und Gasmasken, die vor atomaren, biologischen und chemischen Stoffen schützen. Außerdem dienen die Stationen als Luftschutzbunker im Falle eines Angriffs aus Nordkorea. Aber darüber machen sich die Seouler ohnehin keine Sorgen.

Komfort

Die Regierung hat seit dem Bau 1974 immer mehr Gelder in die Seouler U-Bahn investiert, sodass diese zu einem der modernsten Systeme der Welt gehört: Auf den Bahnsteigen und in den Zügen gibt es durchgängig 4-G-WLAN, im Sommer stehen unterschiedlich klimatisierte Waggons zur Auswahl (sehr kühl oder kühl), im Winter sind die Sitze beheizt, und ein spezielles System hilft Schwangeren dabei, einen Sitzplatz zu finden. Darüber hinaus freuen Reisende und Pendler sich über öffentliche Ruheräume und sehr saubere Toiletten.

T-Money

Kinderleichten Zutritt zu den Stationen ermöglicht das kontaktlose Ticketsystem »T-Money«. Die Karten hierfür sind wiederaufladbar, übertragbar und werden auch in anderen Städten akzeptiert. Busfahrten und Einkäufe in Convenience-Stores können damit bezahlt werden. Das System wird gerne in niedliche Figuren eingebaut. Diese hängen sich die Koreaner an ihre Taschen und zahlen damit im Vorbeigehen.

Unterirdisch shoppen

Unterhalb der Hauptstadt rollen nicht nur die Züge, sondern auch der Won – denn der Seouler Untergrund beherbergt riesige Shoppingkomplexe: Am stärksten frequentiert werden die COEX Mall der Samseong-Station, das Gangnam Underground Shopping Center und die Goto Mall in der Banpo-Station. Die Shoppingmeile in der Jamsil-Station ist überdies mit dem Vergnügungspark Lotte World, dem Lotte-Einkaufszentrum und dem riesigen Lotte Tower verbunden.

Wegzehrung

Wenn der Magen knurrt, muss man als Fahrgast nicht lange leiden: In den meisten U-Bahn-Stationen stehen Automaten bereit, die Kaffee und Snacks offerieren – darunter sogar gekochte Eier und Fertigmahlzeiten. Auch Eiscreme, Spielwaren und Kosmetikprodukte können im Vorbeigehen an den Automaten gezogen werden. Wer Zeit überbrücken möchte, liest ein Buch aus dem Büchereiautomaten oder findet sich in einem der unterirdischen Cafés ein, zum Beispiel in der Sangdo-Station, wo ein Tech-Start-up *salad bowls* und Smoothies aus Gemüse verkauft, das sogar in der U-Bahn angebaut wurde.

Die Seouler U-Bahn in Zahlen

Die Seoul Metropolitan Subway verfügt über 626 Stationen, 23 Linien und ein 1.183 km langes Streckennetz. Täglich nutzen im Durchschnitt 7,5 Millionen Menschen die U-Bahn – das sind doppelt so viele Fahrgäste, wie Berlin Einwohner hat. Egal, wie weit und wie lange man in Seoul mit der U-Bahn unterwegs ist, der Fahrpreis beträgt höchstens 4.000 Won (ca. drei Euro). Für Fahrgäste ab 65 Jahren ist die Fahrt kostenlos.

Die Höllenbahn

Die Linie 9 der Seouler U-Bahn ist berüchtigt, denn hier herrschen dichtes Gedränge und Chaos. Bei der Planung der Linie wurde stark unterschätzt, wie viele Fahrgäste von ihr Gebrauch machen würden. Zur Hauptverkehrszeit werden so große Menschenmassen transportiert, dass die Züge an ihre Kapazitätsgrenzen stoßen. Kein Wunder, dass Koreaner dann aus *jihacheol,* dem Wort für U-Bahn, das teuflische *jiokcheol* machen: Höllenbahn!

피부관리
COFFEE

TREFF-PUNKTE

Beliebte Hangouts in Korea

Cheonggyecheon

Einst gab es hier einen Bach, dann wurde er zubetoniert, und seit 2005 fließt der Cheonggyecheon wieder mitten durch Seoul. Das massive Stadterneuerungsprojekt hat über 800 Millionen Euro gekostet und wurde stark kritisiert. Doch heute freuen sich Touristen wie Anwohner über diesen wundervollen Erholungsraum, an dem man tatsächlich den Stress der Metropole vergessen und etwas Natur genießen darf. Auf den 10,9 Kilometern gibt es vieles zu entdecken: Ausstellungen, Skulpturen, Licht- und Wasserspiele und jährliche Festivals.

Die Parks am Hangang

Seoul bietet seinen Bewohnern eine große Anzahl an Parks, direkt am Ufer des Hangang. Die Parks Yeouido und Ttukseom zählen zu den populärsten. Eine Fülle an Freizeitanlagen stehen den Besuchern offen: Fußballplätze, Skateboard- und Inline-Skating-Parks, Tennisplätze, Wander- und Radwege sowie Schwimmbäder. Zusätzlich sind Wassersportarten wie Wasserski, Segeln und Bootsrennen möglich. Ein aufregendes Spektakel bieten die Wasserspiele an der Banpo-Brücke, wenn nach Sonnenuntergang hunderte bunter Lichter die 20 Meter langen Wasserfontänen beleuchten. Derzeit sehr angesagt ist das Zelten in den Parks. So angesagt, dass nun verschiedene Picknicksets mit Zelt ausgeliehen werden können: für Familien, Hundebesitzer oder Verliebte. Letztere lassen ihre Zelte lieber geöffnet, denn sonst droht ein saftiges Bußgeld der Stadtregierung.

Seoullo 7017

New York City hat seinen High Line Park und Seoul mit Seoullo 7017 seit 2017 auch endlich einen zweckentfremdeten Highway. Die ehemalige Hochstraße dient jetzt als Fußgängerüberweg und ist zugleich eine Art botanischer Garten und Treffpunkt. Zahlreiche Festivals werden hier jedes Jahr veranstaltet, darunter das Seoul Lantern Festival und ein Teil der Feierlichkeiten zu Yeondeunghoe, Buddhas Geburtstag.

Seoul Forest

In einer schillernden Metropole wie Seoul sind Bewohner für jedes Entspannungsangebot dankbar. Der Seoul Forest ist einer der größten Parks der Stadt und verdient seinen Namen, da er aus über 400.000 Bäumen besteht. Er ist in fünf sehr unterschiedliche Bereiche unterteilt. So gibt es im Kulturteil einen Skatepark sowie weitere Sportanlagen, und im Ökowald kommen Naturfreunde bei der Beobachtung von Damhirschen, Streifenhörnchen und Moorhühnern auf ihre Kosten.

Seomyeon in Busan

Die zweitgrößte Stadt in Südkorea wartet mit einem der aufregendsten Shoppingviertel als Treffpunkt auf: Seomyeon ist eine riesige Kreuzung in der City, unter der sich gleich drei unterirdische Einkaufszentren befinden, ebenso wie Restaurants, Kinos und Buchläden. Bei Nachteulen gilt die blühende und angesagte Bar- und Clubszene von Seomyeon als hip. Wenn in Busan neue Trends entstehen, dann hier.

Haeundae in Busan

Der prominente Busaner Strand Haeundae war einst Schauplatz und Namensgeber eines koreanischen Katastrophenfilms. Doch anstatt eines Tsnuamis sind hier im Sommer eher endlose Wellen von Badegästen zu erwarten, denn der Strand grenzt direkt an die City und ist der perfekte Ort, um sich mit Freunden zu treffen und sich im feuchtheißen koreanischen Sommer eine Abkühlung zu verschaffen.

Gwangalli in Busan

Auch wenn der Strand von Gwangalli mit Blick auf die große Gwangan-Brücke eher etwas für Touristen ist, kommen auch Busaner gerne wegen dem köstlichen handgemachten Eis und dem großen Angebot an Wassersportarten hierher. Ein Geheimtipp unter Veganern ist das Restaurant Vegenarang, in dem Gerichte der buddhistischen Tempelküche serviert werden.

노래방
Season 2
MASILLIA II
SOJU & HOF 2F
마실리아 II
DAALL 24시
엔젤
호프 소주
영화관
대박 감자탕 떡갈비
Orange
애플 노래방
COFFEE LABORATORY
감자탕
BOARD STORY
보드게임카페
담배
연습장

CLUBBING

Wo sich koreanische Nachteulen herumtreiben

Seouls Partyszene

Seoul ist eine lebhafte Metropole und bekannt für sein Nachtleben. Die Grenzen zwischen Clubs, Pubs und Musikbars sind fließend. Einigkeit herrscht darüber, dass Seoul niemals schläft – vor allem nicht die Viertel Shinchon, Itaewon, Gangnam, Hongdae und Geondae. Letzteres Viertel suchen junge Leute wegen moderner Clubs wie Aura, Made, Dokkaebi, Sinkhol und Ocean auf. Itaewon dagegen gilt als »Westerntown«, weil hier sehr viel internationales Publikum unterwegs ist. Erfahrene Partygänger zieht es nach Gangnam, dort locken Läden mit kryptischen Namen wie +82, MU:IN und FACE X BODY.

Hip-Hop in Hongdae

Clubs, in denen Hip-Hop und R&B gespielt wird, sind überall im Land sehr gefragt. Die beste Adresse hierfür ist jedoch Hongdae in Seoul – insbesondere der Club Cream, der sogar sieben Tage die Woche geöffnet hat und legendäre Open Mic Nights abhält. Im Noise Basement 1 und 2 stehen neben Hip-Hop- auch K-Pop-Mixes auf der Playlist. Das ist kein Wunder, denn der Club gehört dem Unterhaltungsunternehmen YG Entertainment. Doch egal, für welchen Club sich Koreaner an den Wochenenden entscheiden, in langen Schlangen anstehen müssen sie bei fast allen.

Naiteu

Ausländische Partygänger sind in Korea manchmal verwirrt, denn ein Club ist hier ein herkömmlicher Nightclub, aber unter *naiteu (night)* verstehen Koreaner eine besondere Art von Club: Ein *naiteu* ist im Wesentlichen ein Tanzclub mit sehr viel mehr Tischen und Kellnern, als wir es in Europa gewohnt sind. Außerdem ist die Aufgabe der Kellner nicht hauptsächlich, Getränke auszuschenken, sondern Gruppen von Männern und Frauen miteinander bekannt zu machen. Dieser Service nennt sich »Booking«, und meist lernen sich die Gäste dann in einem separaten Partyraum näher kennen. Einer der beliebtesten *naiteus* befindet sich in Daejeon. Jedoch trägt sein Name »Nightclub« nicht gerade dazu bei, diese Verwirrung endlich aufzulösen.

Du kommst hier nicht rein!
Clubs in Korea prüfen die Personalausweise, und wer keinen dabei hat, wird nicht eingelassen. Auch Partygäste, die den Betreibern zu alt sind (30 Jahre können bereits ein Ausschlusskriterium sein), werden abgewiesen. Auch wenn man schlichte Straßenkleidung trägt, wird einem manchmal der Zutritt verwehrt.

Rock 'n' Seoul

Partygänger, die auf Alternative stehen und erstklassige Indie-Bands live erleben wollen, feiern im Club FF in Seoul. Regelmäßige Happy Hours schonen den Geldbeutel, wenn am Wochenende lokale Bands bis Mitternacht spielen und anschließend der DJ der Menge einheizt.

Pick-up-Bars

Aufreißerschuppen werden in Korea *hunting bars (heontingsuljib)* oder auch *emotional bars (gamseongsuljib)* genannt. Der Name ist Programm, denn wer nur wegen der Musik – nämlich neue und ältere K-Pop- und R&B-Tracks – hier einkehrt, der findet genug Alternativen. Allerdings soll diese Musikauswahl für etwas Nostalgie unter den Koreanern sorgen, damit sie leichter mit fremden Leuten ins Gespräch kommen können.

Billie Jean

Der Nachtclub Billie Jean in Busan ist zwar kleiner als die meisten anderen in der Stadt, aber die Atmosphäre ist gemütlicher, und durch seine Lage in der Nähe des berühmten Strandes Haeundae ist er eine Topadresse. Feiernde wissen die sehr gute Auswahl an Hip-Hop, Funk und Jazz zu würdigen.

← Der Hiphop-Club »Sinkhole« in Hongdae lockt mit freiem Eintritt und ist selbst an einem Montagabend gerammelt voll.

SMART CITY

Zukunftsstädte

Was macht eine smarte Stadt aus?

Smart Citys sind Planstädte, die nicht mit den Problemen anderer Städte zu kämpfen haben: Sie sind von Anfang an so geplant, dass in der Stadt von den Gebäuden bis zur gesamten Infrastruktur alles voll digitalisiert und vernetzt ist. Eine so fortschrittliche Stadt soll alle technologischen Mittel nutzen, um die Lebensqualität der Bewohner zu erhöhen und das Wohnen dort nachhaltig zu machen.

New Songdo City

Natürlich ist Korea einer der Vorreiter in Sachen Smart Citys – als Teil der Millionenstadt Incheon gilt die knapp 40 Milliarden Euro teure Planstadt Songdo als absolutes Prestigeprojekt. Auch wenn noch einige Wohnungen leer stehen – die Bewohner, die bisher hier leben, freuen sich über großzügige Grünanlagen, bepflanzte Dächer, Solaranlagen, untereinander vernetzte Smart Homes, Luftqualitätsüberwachung und ein unterirdisches intelligentes Abfallentsorgungssystem. Dazu werden der Verkehr, die Straßenbeleuchtung und auch die Energieversorgung der Gebäude von smarten Systemen gesteuert.

Urbane Mobilität

Fahrrad fahren in Korea, das ist nicht immer ein Spaß. Doch die Planer von Songdo haben auch die Radfahrer bedacht, und selbstverständlich gibt es einen sehr günstigen städtischen Fahrradverleih. Zu Fuß soll jeder Ort im Zentrum in mindestens 15 Minuten erreicht werden können, damit sollen Abgasemissionen eingespart werden. Dennoch erwecken große breite Straßen den Eindruck, dass Songdo eigentlich für Pkws gebaut wurde. Immerhin werden Falschparker automatisch und in Echtzeit der Behörde gemeldet.

Überwachung versus Sicherheit

Unzählige Sensoren und Kameras füttern das zentrale Datenzentrum mit Informationen: Nummernschilder werden ausgelesen, Mikrofone lauschen, und Bewegungs- sowie Wärmemuster werden aufgezeichnet. Doch fragt man die Bewohner, geben sie an, dass sie sich eher sicher als beobachtet fühlen.

Eco Delta Smart Village

Im Nakdong-Delta bei Busan entsteht derzeit die Smart City der nächsten Generation: Etwa 30.000 Häuser sollen hier mit intelligenten Systemen vernetzt werden und von einer höchst effizienten Infrastruktur unter Verwendung von Solar- und Wasserkraft profitieren. Die Bewohner der ersten 54 Haushalte wurden per Lotterie ausgewählt und sind sozusagen Versuchskaninchen: Jeder Einwohner trägt eine Smartwatch, die mit dem drei Meter großen Samsung-Spiegel in ihrem Haushalt verbunden ist. In diesem steckt ein futuristisches Tablet, das alle Bereiche des Lebens steuern und überwachen kann. Nach der geplanten fünfjährigen Testphase soll das Datensammeln dann auf ein Minimum beschränkt werden.

LOS
LAKERS
bibigo
Rondo
F & B

STREET ART

Graffiti und *murals*

Graffiti

Der Begriff Street Art ruft oftmals das Bild von illegalem Graffiti ins Gedächtnis. Koreanisches Graffiti hat seinen Ursprung im Seouler Bezirk Itaewon, als in den späten 1980er-Jahren der Hip-Hop immer angesagter wurde. Vom Image der »illegalen Schmiererei«, als die das Graffiti von einigen angesehen wurde, entfernte sich die Szene, und manche Künstler fanden Wege, ihre Sprühbilder zu Geld zu machen. Gegenwärtig freuen sich koreanische Graffitikünstler nicht nur über zahlreiche Aufträge der Regierung, sondern auch darüber, dass sie ebenfalls eine Rolle bei der Gestaltung urbaner Räume in Großstädten wie New York und Hongkong spielen.

Jay Flow

Der Graffiti Writer und Illustrator Jay Flow sprüht in seiner Heimatstadt Seoul sowie im Ausland, er ist als Designer tätig und entwirft auch Tattoos. Jay Flow konnte sich im Juni 2022 mit seinem übergroßen »L.A. Lakers«-Graffiti ebenfalls auf dem Gelände des Common Ground verewigen.

www.instagram.com/jayflowsuk

Royyal Dog

Chris Chanyang Shim ist Seouls prominentester Graffitikünstler – auch wenn er derzeit in Los Angeles residiert. Unter dem Namen Royyal Dog hat er sich internationale Anerkennung für seine fotorealistischen *murals* verdient. Oft zeigen seine Wandbilder afroamerikanische Frauen in traditionellen koreanischen Hanboks und lassen beim Betrachter ein Gefühl von Harmonie und Multikulturalismus aufkommen. Viele seiner Motive sind großformatig und daher auf einer Street-Art-Entdeckungstour durch Seoul nicht zu übersehen.

www.instagram.com/royyaldog

Xeva

Xeva, der mit bürgerlichem Namen Yoo Seung-Baik heißt, ist ebenfalls für eine beachtliche Zahl an kreativen Sprühbildern in Seoul verantwortlich – unter anderem einige auf den Containern des hippen Common Ground. Häufig kombiniert er fotorealistische *murals* mit klassischem Graffiti und semiabstrakten Motiven.

www.instagram.com/xeva

Koreas Monddörfer

In den vergangenen Jahren hat sich eine Straßenkunstszene etabliert, die ehemals vernachlässigte Stadtviertel im ganzen Land mit farbenprächtigen Wandmalereien und Kunstinstallationen aufhübscht. Diese Viertel werden *daldongnae* (Monddörfer) genannt, weil sie am Stadtrand auf Hügeln erbaut wurden und so dem Mond wohl etwas näher sind. Die Wandbilder locken Touristen und Kunstliebhaber in diese Stadtteile, füllen sie wieder mit Leben und schützen sie vor dem Verfall. Sehenswert sind hier auf jeden Fall das Songwol-dong-Märchendorf in Incheon, das Gamcheon-Kulturdorf in Busan, das Jaman-Dorf in Jeonju und das Dorf Ihwa in Seoul.

SHOPPING

Geld ausgeben in Seoul

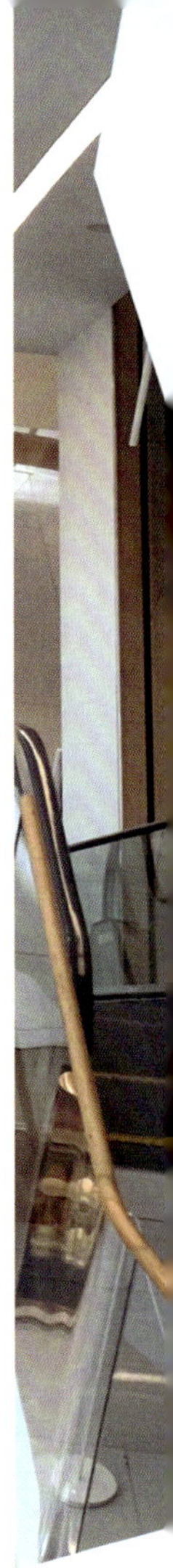

Individuelle Mode

Koreaner sind richtige »Fashionistas«, die ihre Outfits nicht nur in den großen Fast-Fashion-Geschäften kaufen wollen. In Seoul gibt es fast an jeder Ecke und in vielen U-Bahnstationen kleine unabhängige Boutiquen mit individuellen Angeboten, über die auch mit den Ladenbesitzern verhandelt werden kann. Nicht wenige verkaufen auch Unikate – es lohnt sich also, immer im Shoppingmodus zu bleiben, wenn man in Seoul unterwegs ist.

Onlineshopping

Abseits der großen Onlineversandhändler kennt man in Korea anders als in Europa viele kleine Stores, die sich umsatzmäßig nicht verstecken müssen. Das liegt daran, dass 92 Prozent der Koreaner ihre Waren (inklusive Lebensmittel) online kaufen. Der Global Player Amazon spielt in Korea weiterhin keine große Rolle, denn lokale Anbieter wie Gmarket, 11Street und Coupang wissen ganz genau, wie sie auf die ebenso anspruchsvolle wie getriebene koreanische Käuferschaft eingehen müssen.

Auf Shoppingtour durch Seoul

Selbstverständlich macht einkaufen gehen auch in anderen koreanischen Großstädten Spaß – zum Beispiel im trendigen Seomyeon in Busan (siehe Seite 181). Aber die Shopping-City schlechthin ist und bleibt Seoul. Bei Touristen beliebt sind Myeongdong, renommiert für seine Kosmetikgeschäfte, oder auch Dongdaemun, dessen Läden erst am Abend öffnen und um fünf Uhr morgens schließen. Eine sehr gute Auswahl und aufregende Angebote bieten die Shoppingmeilen und Kaufhäuser in Hongdae, Ehwa Yeo-Dae, Gangnam Station und Geondae. Das gilt besonders für namhafte Modemarken wie Kirsh, Ader-Error und Gentle Monster, denn Koreaner sind eben *label crazy!*

Gonggu

Das kollektive Einkaufen (*gongdong gumae,* kurz *gonggu*) ist sehr verbreitet in Korea: Eine Mindestanzahl an Käufern tut sich dabei zusammen, um zu viel günstigeren Preisen begehrte Dinge zu erstehen. Angefangen hat alles mit Elektroartikeln und Schuluniformen, nun wird alles Mögliche in Gruppen gekauft. Oft wird das Ganze von einem koreanischen Influencer auf einem Blog oder über Instagram angeleiert. Dieser verdient dann auch noch ordentlich etwas dabei.

Elektroartikel

Technik kaufen Koreaner am liebsten im Internet. Wenn sie einmal im Einzelhandel zuschlagen, dann in Kaufhäusern, bei den großen Elektromärkten in Yongsan oder bei Technomart in Gangbyeon. Die Pendants zu Saturn und Media Markt sind hier im Übrigen High-Mart und LG Best Shop.

Bezahlen

Koreaner mögen es gerne unkompliziert, insbesondere beim Einkaufen. Während es in Europa erst eine Pandemie brauchte, um Käufer hierfür zu begeistern, ist das kontaktlose Bezahlen in Korea schon seit vielen Jahren längst Standard. Zu den gängigsten Anbietern gehören Samsung Pay, L.Pay, KakaoPay und NaverPay. (Google Pay und Apple Pay funktionieren in Korea nur für Inhaber ausländischer Kreditkartenbesitzer.) Zudem zahlen lediglich etwa 13 Prozent der Kunden ihre Einkäufe bar, der Rest bevorzugt Kreditkarten. Manche Straßenverkäufer, die natürlich keine Kartenzahlung anbieten können, zeigen sich so flexibel, dass man seinen Imbiss einfach per Sofortüberweisung bezahlen kann. Eine weitere Alternative ist das System T-Money, wenn man keine koreanische Kreditkarte besitzt: Eine Art Prepaid-Karte, die fast überall akzeptiert wird. Für Iphone-Besitzer gibt es schlichte Aufkleber, die diese Funktion besitzen.

Rabattaktionen

Eine weitere Leidenschaft koreanischer Konsumenten sind Rabattsysteme. Fast alle großen Firmen haben ihr eigenes System, mit dem man beim Einkaufen Punkte sammeln kann – den Überblick zu behalten ist da nicht leicht. Glücklicherweise wird zum Mitmachen immer nur das eigene Handy benötigt – dutzende Plastikkarten muss niemand mit sich herumtragen.

LOVE MOTELS

Von der Schmuddelabsteige zum Freizeitparadies

Make Love, not Vacation

Der Konfuzianismus, Prüderie und hellhörige Wohnhäuser – dies müssen die Hauptgründe für die unzähligen Love Motels in Korea sein. Sie können stundenweise gemietet werden und bieten teilweise einen hohen Komfort, selbst wenn viele nur zum Liebemachen hier absteigen.

알리앙스 모텔
초고속인
주차금지
알리앙스
모텔
협조에감사드립니다
주차금지
알리앙스
모텔
협조에감사드립니다

Die De-luxe-Ausstattung

Ein Maisonettezimmer in einem guten Love Motel verfügt über ein riesiges Bett, einen Kühlschrank, einen Tisch mit PC, einen großen Flachbildfernseher, eine elektronische Toilette und einen kleinen Whirlpool oder Massagestuhl. Bereit liegt auch immer eine gut sortierte Kulturtasche, sodass Gäste keine Haarbürste, Kosmetik, Kondome und Streichhölzer für die Zigarette danach mitbringen müssen.

Sex im Märchenschloss

In den 1990er-Jahren erfuhren Love Motels einen regelrechten Boom: Die Fassaden der Gebäude wurden aufwendig gestaltet, das gefragteste Motiv damals war das Traumschloss. Die Gebäude fielen von Weitem schon auf, und die Gäste fühlten sich wie in einem Märchen. Dies stand im Widerspruch zu dem etwas schmuddeligen Rotlichtimage, das den Motels anhaftete. Viele der damaligen Märchenschlösser wurde jedoch aufwendig renoviert, und auch ihr Ruf hat sich weiter verbessert. Auffallen wollen Love Motels weiterhin – doch erst beim Einbruch der Nacht, dann erhellen aufdringliche Neonleuchten die Straßen.

Verschwiegenheit

Diskretion wird bei der Übernachtung in Love Motels großgeschrieben. Wenn es eine Rezeption gibt, hat diese eine so kleine Öffnung, dass Gäste oftmals keinen direkten Blickkontakt zu den Mitarbeitern haben. Bei anderen Motels wird bequem über ein Terminal bezahlt – meist bar, damit keine Daten der Gäste erfasst werden können. Die Parkplätze sind von der Straße nie einsehbar, manche Motels bieten sogar einen direkten Zugang zum Zimmer.

Make Vacation, not Love

Viele Koreaner oder auch Touristen nutzen die Love Motels gerne als vergleichsweise günstige Absteigen. Auch für Geschäftsreisende oder Leute, die den letzten Zug verpasst haben, kurzerhand unterwegs eine Dusche nehmen oder ein kurzes Schläfchen halten wollen, sind sie eine Option. Reisende, die den jüngsten Urlaubstrends in Korea folgen, etwa spontane Reisen, Solo Travel oder Therapy Travel, bevorzugen ebenfalls die Übernachtung in Love Motels, wenn sie Bares sparen wollen.

Als Mehrzweckmotel

Darauf, dass viele Gäste die Love Motels »zweckentfremden«, hat sich die Branche längst eingestellt. In moderneren Motels finden sich auch Zimmer mit leistungsstarken PCs zum Zocken, Leinwand und Beamer fürs Kinofeeling und sogar Minisaunen zum Schwitzen und Entspannen. In sogenannten Party Rooms feiern Koreaner mit ihren Freunden, schauen Serien, spielen Spiele, grölen Lieder ins Mikrofon der Karaokemaschine und bestellen Essen vom Restaurant um die Ecke.

Theme Hotels

Koreas Theme Hotels haben die Idee einer außergewöhnlichen Inneneinrichtung perfektioniert. Es finden sich allerhand schräge Konzepte, die für Fetische sowie für hübsche Instagram-Bilder taugen: vom Gefängnis- über ein Caravan- bis hin zu einem Hotelzimmer mit einem Kleiderschrank voller schräger Kostüme.

K POP

Poppiges Korea

K-Pop ist der Sammelbegriff für Popmusik aus Korea, die Elemente aus Hip-Hop, R&B und Electro vereint. Unverwechselbar sind die aufwendigen Live- und Musikvideoauftritte in bunten, extravaganten Kostümen mit ihren energetischen, bis ins kleinste Teil choreografierten Tanzeinlagen.
Die Geschichte dieses Musikgenres ist aufregend, denn seine Anfänge hatte es bereits in den 1990er-Jahren, doch erst zehn Jahre später blühte es so richtig auf: Mit dem Siegeszug der Girlgroups begann ein internationales Phänomen, das immer weiter durch die Decke geht. Der Erfolg spricht für sich, denn bis auf ein paar englische Zeilen im Refrain wird auf Koreanisch gesungen. K-Pop überzeugt mittlerweile weltweit viele Millionen junge Leute, die sich in Fanbases organisieren und einen relativ engen Kontakt zu ihren Idols pflegen können. Selbstverständlich hat sich eine exorbitant große Marketingmaschine um die koreanischen Unterhaltungsriesen entwickelt, und der farbenfrohe Glamour der K-Pop-Fantasie hat auch seine Schattenseiten.

호석

BTS

Die kugelsicheren Pfadfinder

Wer sind BTS?

BTS ist ein Akronym für Bangtan Sonyeondan, was so viel wie »kugelsichere Pfandfinder« heißt. Die Gruppe aus sieben jungen Männern ist der erfolgreichste K-Pop-Vertreter aller Zeiten. BTS wurden 2010 von dem Unternehmen Big Hit Music gegründet. Doch erst 2013 standen die Mitglieder und das Konzept von BTS, das immer wieder geändert wurde, fest. Zu ihnen gehören die Sänger Jin, Jimin, V, Jung Kook sowie die Rapper J-Hope, Suga und RM, der auch als Bandleader gilt.

Von Underdogs zu Weltstars

Big Hit Music war zu anfangs ein recht kleines Label, das vor dem Erfolg mit BTS sogar kurz vor dem Bankrott stand. BTS waren bei ihrem Debüt 2013 also ein echter K-Pop-Underdog und konnten natürlich noch nicht ahnen , dass sie einige Jahre später zur Legende werden würden. Noch erstaunlicher erscheint der Erfolg von BTS, wenn man bedenkt, dass das Bandkonzept eigentlich nur für den koreanischen Musikmarkt gedacht war.

Die Choreografien

BTS sind bekannt für ihre komplexen Tanzbewegungen bei Liveauftritten sowie in ihren Musikvideos. Die Choreografien des Septetts gehören zu einem ihrer wichtigsten Erfolgsfaktoren. Choreograf Son Seong-deuk, der bei der Entstehung der Band für ihre Tänze verantwortlich war, legte von Beginn an Wert auf fesselnde Bewegungen mit hohen Schwierigkeitsgraden. Diese Komplexität ist seit dem Debüt der Gruppe eines ihrer Markenzeichen.

Rekordbrecher

Die Popularität von BTS wird besonders deutlich, wenn man sich vor Augen führt, wie viele Rekorde die Gruppe bereits gebrochen hat: Sie war die erste K-Pop-Band, die einen Billboard Music Award gewann, und seit den Beatles auch die erste Gruppe überhaupt, die gleich drei Nummer-eins-Alben in einem Jahr herausgebracht hat. BTS sind zudem die Musiker mit den meisten Streams auf Spotify und den meisten Followern auf Instagram. Insgesamt werden im Guinnessbuch der Rekorde 23 offizielle Rekorde der Band aufgelistet, ganz sicher wird es dabei aber nicht bleiben.

Der Erfolg der Pop-Revolutionäre

Ein Großteil des Erfolgs von BTS geht auf ihre Mitglieder zurück: Die Jungs sind nicht nur charmant und gut aussehend, sie sind auch als Tänzer physisch so nah am Spitzensport, wie man es als Musiker nur sein kein. Die Mitglieder sprechen offen über die Schattenseiten ihres Erfolgs und berichten von Leistungsdruck und eingeschränktem Sozialleben. Dies lässt sie näher an ihre extrem loyale Fanbase heranrücken, mit der BTS einen regen und authentisch wirkenden Austausch pflegen. Die Band traut sich auch, anders zu sein: Ihre Songtexte heben sich teilweise vom üblichen K-Pop ab, und sie zeigen, dass sie nicht dem üblichen Männlichkeitsideal folgen wollen.

Die visuelle Sprache

Die koreanische Musikindustrie setzt sogar den US-Markt unter Druck, denn das Budget von K-Pop-Videos übersteigt das der westlichen Industrie um mindestens das Doppelte. Zudem spielen sich koreanische Musikvideos manchmal an über 20 Set-ups ab, während US-Produktionen »lediglich« bis zu fünf Drehorte planen. Visuell aufsehenerregende Musikvideos sind der wichtigste Erfolgsfaktor für Gruppen wie BTS, denn die koreanischsprachigen Songtexte werden nicht überall verstanden. Daher sprechen ihre Musikvideos eine eigene visuelle Sprache, die das internationale Publikum leicht begreifen kann, die aber dennoch zu verzaubern vermag.

Songtexte

Alle Mitglieder von BTS, insbesondere aber RM, Suga und J-Hope, sind aktiv an der Komposition der Songs beteiligt, was in der K-Pop-Industrie nicht selbstverständlich ist. Die Texte handeln oft von den Träumen und Zielen der Jugend, von Liebe, Idealen und Zukunftsängsten. Außerdem scheuen die Bangtan Boys, anders als viele andere K-Pop-Gruppen, nicht die Thematisierung politischer und gesellschaftlicher Probleme in ihren Songtexten.

BTS in den sozialen Netzwerken

Jin, Jimin, V, Jung Kook, J-Hope, Suga und RM waren etwa sechs Monate vor ihrem Debüt als BTS auf Social Media aktiv. Seit dem posten sie immer noch eifrig selbst auf Twitter, V-Live, Instagram und weiteren Platformen. Anders als die Hochglanz-Musikvideos wirkt BTS-Content auf den sozialen Netzwerken unverfälscht, menschlich und ist oft auch witzig. Auf ihrem YouTube-Kanal BANGTANTV sowie auf twitter.com/bts_twt und vlive.tv/channel/FE619 geben die Jungs Einblicke in ihren Alltag als Idols.

A.R.M.Y

Die etwas bemühte Abkürzung des BTS-Fanclubs A.R.M.Y steht für *Adorable Representative M.C. for Youth* und bedeutet in etwa »liebenswerter Repräsentant des Militärausschusses für die Jugend«. Der militärische Touch ist gewollt, denn die Fanbase will BTS treu ergeben sein. Mitglieder genießen einige Vorteile, etwa exklusive Fanartikel und Vorreservierungen für Konzerte. Etwa 85 Prozent der geschätzt 90 Millionen Mitglieder sind weiblich. Die Fanbase gilt als sehr divers und geht familiär und liebevoll miteinander um. Mit A.R.M.Y haben die Marketingstrategen des Labels einen Raum für treue Fans geschaffen, in dem sie sich akzeptiert fühlen und – das hören Fans dann nicht so gerne – in dem das Geldausgeben für kostspielige Gimmicks mit dem BTS-Logo nicht wehtut.

BLACK-PINK

Lieblingsfarbe: schwarzes Pink

Eine Legende wird geschaffen

Bereits 2011 hatte der Gründer von YG Entertainment angekündigt, eine neue Girlgroup auf die Beine stellen zu wollen, die sich am Erfolg und dem Stil der Gruppe Girl's Generation orientieren sollte. Während des jahrelangen Auswahlverfahrens wurde die Truppe immer kleiner, bis die heutigen Mitglieder Jennie, Rosé, Lisa und Jisoo übrig blieben, die schließlich Blackpink bildeten. Im Sommer 2016 feierte die Gruppe mit der Single *Boombayah* ihr Debüt und landete damit direkt auf Platz eins in den Digital Billboard Charts.

Der Name

Die stilisierte Schreibweise des Gruppennamens ist BLΛƆKPIИK. Der Name wurde gewählt, weil die Farbe Pink allgemein mit Weiblichkeit assoziiert wird. Black wird in diesem Konzept als Kontrast eingesetzt: Die Mitglieder wollen hiermit zeigen, dass sie nicht nur hübsche Damen, sondern auch extrem talentierte Künstlerinnen sind.

Internationaler Durchbruch

Zuvor hatten bereits einige weibliche Gruppen aus Korea versucht, in den USA Fuß zu fassen, doch die Amerikaner schienen für K-Pop-Girlgroups nicht besonders empfänglich zu sein. Mit dem Charterfolgen von Blackpink hat sich das jedoch geändert – 2020 erreichten sie mit dem Song *Ice Cream,* den sie gemeinsam mit Selina Gomez performten, eine ihrer höchsten Chartplatzierungen überhaupt: Platz 13 in den Billboard Hot 100.

Das Besondere an Blackpink

Balckpink heben sich von anderen Girlbands ab, da sie als toughe, extravagante, modebewusste und individuelle Vorbilder gelten. In ihren Songtexten machen sie deutlich, dass sie keinem Jungen hinterhertrauern, sondern genau wissen, wann eine Romanze keinen Sinn mehr ergibt. Dabei arbeiten sie mit vielen englischsprachigen Hooklines, womit sie Fans auf der ganzen Welt erreichen können.

Girlgroups der koreanischen Welle

Die großen K-Pop-Labels in Korea waren lange Zeit der Auffassung, dass Boygroups wesentlich lukrativer seien als Girlbands, weil sie treue Anhängerinnen anziehen, die bereit sind, viel Geld auszugeben. Doch Gruppen wie Blackpink surfen ganz oben mit auf der Koreanischen Welle und konnten beweisen, dass die Zeiten sich ändern.

Ddu-Du Ddu-Du

Als einen der größten Hits von Blackpink sehen viele Fans den Song *Ddu-Du Ddu-Du* an, der 2018 auf Koreanisch und Japanisch erschien. Er gilt wegen seines Übermuts und der kraftvollen Beats als das Meisterstück des K-Pop-Quartetts schlechthin.

BLINK

Natürlich verfügt Blackpink über eine große weltweite Fanbase, die sich unter dem Namen BLINK zusammenfindet. Ende 2019 machten die Fans auf sich aufmerksam, als sie YG Entertainment auf Social Media zur Rede stellen wollten und vor dem Firmensitz in Korea sogar einen Protest-Truck aufstellten. Der Grund: Sie verlangten nach einem neuen Album, das zu lange auf sich warten ließ.

Die Musikvideos

Selbst wenn man kein K-Pop-Anhänger ist, kann man sich der enormen Energie von Blackpinks Musikvideos einfach nicht entziehen: Die Tanzchoreografien sind grandios, und die lebendige Ästhetik der Settings ist bestimmt von schrillen Farben, luxuriösen Outfits und aufwendigen Looks. Die Videos sind so hochwertig, dass man sie nicht so schnell wieder vergisst.

Weltrekord

Das Video *How You Like That* erreichte im Sommer 2020 unglaubliche 86,3 Millionen Klicks in 24 Stunden – so viel wie kein anderes Musikvideo auf YouTube zuvor. Außerdem sind Blackpink die Girlgroup mit den meisten Followern auf YouTube und Spotify.

Light Up the Sky

Die Netflix-Dokumentation *Light Up the Sky* schaut hinter die Kulissen der Band und zeigt die vier Mitglieder von ihrer privaten Seite. Der Zuschauer erhält auch Einblicke in die harte Arbeit, die Jennie, Rosé, Lisa und Jisoo tagtäglich leisten. Hierbei wird schnell klar, dass man selbst als K-Pop-Fan nicht leichtfertig mit ihnen tauschen würde.

K-INDIE

Die koreanische Indieszene

Gegenentwurf zum K-Pop

Es ist schwer vorstellbar, aber die Indieszene war einst ähnlich angesagt wie K-Pop. Und doch ist es die Popmusik, die einem sofort in den Sinn kommt, wenn man an Korea denkt. Das Geschäft mit K-Pop brummt, aber die Indieszene muss dennoch kein Schattendasein fristen. Zugegeben, K-Indie wird eher als Subkultur angesehen, aber mit seinen vielen authentischen Musikern gilt es immerhin als Alternative und Kontrast zur Hochglanz-Fantasiewelt des K-Pop.

↑ Billy Carter

→ Ye Ram

Hyukoh

Durch ihren Auftritt in der Fernsehshow *Infinite Challenge* hat diese Pop-Rock-Band enorm an Popularität gewonnen und gehört nun beinahe schon zum Mainstream, denn sie gilt als eine der erfolgreichsten ihrer Zunft. Zu Beginn war Singer-Songwriter Oh Hyuk noch allein, dann stießen mit dem Bassisten Dong-geon, dem Gitarristen Hyun-jae und dem Schlagzeuger In-woo weitere Mitglieder dazu. Die Musik der Band ist teilweise inspiriert von Oh Hyuks langen Auslandsaufenthalten.

Musik aus dem Untergrund

Richtige Underground-Grooves stammen von Indie-Bands, die in den Tag hinein- und für nichts anderes als für ihre Musik leben. Sicher trifft genau das auf die rockigen Sudal Not Otter zu, ebenso auf Youthlim mit ihrem verträumten Sound und Desert Flower, die bekannt sind für ihre atmosphärischen Instrumentalstücke.

Koreas Indie-Landschaft

De Begriff K-Indie bezog sich ursprünglich auf Folk- und Punkrock, aber heute ist koreanischer Indie ein Sammelbegriff geworden für alles, was nicht als K-Pop oder *trot* definiert werden kann. Zu den beliebtesten Künstlern gehören derzeit Indie-Rocker wie Saltnpaper, The Black Skirts und Jannabi. Doch auch im Folkbereich gibt es verborgene Juwelen zu entdecken, wie Jinu Konda und Ye Ram.

← Jinu Konda

← Ye Ram

← Rumkicks

Koreanischer Punk

Anders als die meisten Songtexte der anderen hier vorgestellten Bands rechnen nur die Lyrics richtiger Punkbands mit der Ungerechtigkeit in der Gesellschaft ab, etwa diejenigen der Gruppen Billy Carter, Rumkicks, Dead Chant und Whatever That Means.

Say Sue Me

Der Musikstil von Say Sue Me aus Busan wird als Surf-Rock bezeichnet – die Band führt das auf den Umstand zurück, dass einer ihrer ersten Proberäume nahe am Strand gelegen war. Wie viele andere koreanische Bands heutzutage singen Say Sue Me auch einige Parts auf Englisch. Frontfrau Su-mi gab einmal zu, dass sie sich dabei sogar wohler fühlt. Die Band hat 2019 zwei Preise abgeräumt: Der Titel *Old Town* und das Album *Where We Were Together* wurden bei den Korean Music Awards ausgezeichnet.

TROT

Koreanische Schlagermusik

100 Jahre *trot*

Die Rhythmen des *trot* entstanden bereits vor ca. 100 Jahren, zu der Zeit, als Korea von Japan besetzt war. Seinen Namen erhielt das Genre jedoch erst später. Er leitet sich vermutlich vom Foxtrott-Tanz ab, dessen Rhythmus den *trot* stark beeinflusst hat. In den 80er-Jahren war *trot* das beliebteste Musikgenre in Korea. Mit dem Aufkommen des K-Pop verlor es schließlich an Bedeutung – zumindest für alle Koreaner unter 50 Jahren.

Die Liedtexte

Es sind zumeist sentimentale Themen, die *trot*-Künstler besingen: Sehr oft geht es um Liebe, Abschied und manchmal auch um Heimweh, Affären und Tragödien. Die wehmütige koreanische Grundstimmung *han* durchzieht beinahe jede *trot*-Erzählung.

Trot-Aufführungen

Beim *trot* steht in der Regel nur ein Künstler im Vordergrund, der von einer Band begleitet wird. Dabei fokussiert er sich auf den Gesang, ohne selbst ein Instrument zu spielen. Manchmal werden die Lieder auch im Duett gesungen. Zu einer richtigen *trot*-Musikshow gehören aber auch einige Begleitsänger und Tänzer.

Trot heute

Moderner *trot* wird gerne mit anderen Musikgenres gemischt, sodass manche Stücke fast wie Rockballaden klingen. Ein Revival erlebte der *trot* ab 2004, als Jang Yoon-jeong ihren großen Hit *Eomeona* (»Du meine Güte«) landete. Doch ein richtiges Comeback verdankt der *trot* ironischerweise der Corona-Pandemie: Als Veranstaltungen und Konzerte nur noch im Fernsehen stattfanden, ließ sich auch die jüngere Generation von diesem Genre faszinieren. Eine der meistgesehenen Sendungen war schließlich eine Art »Korea sucht den *trot*-Star«, aus der Young-tak als Sieger hervorging, der mit *Jjiniya* auch Fans außerhalb des Landes begeistern konnte.

HALLYU

Die Koreanische Welle

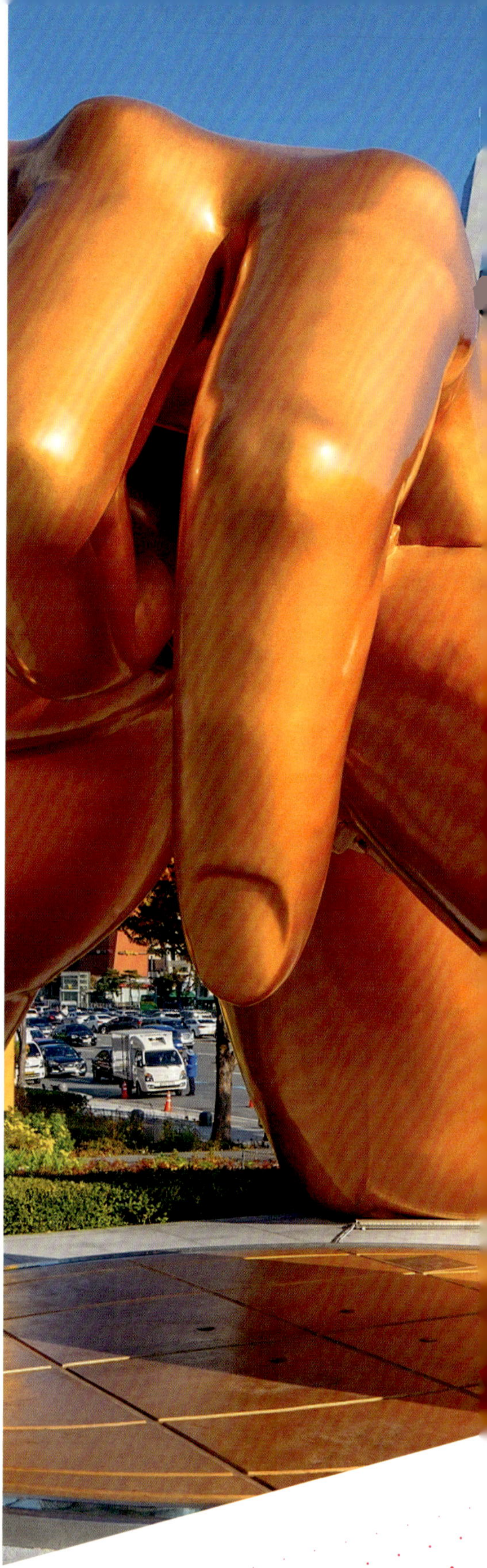

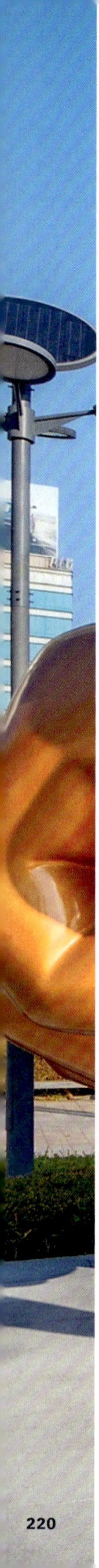

Eine Woge entspringt dem Fluss Han

Dass sich Korea seit den 1980er-Jahren über ein anhaltendes Wirtschaftswachstum freuen kann, wird hier gerne als »das Wunder vom Han-Fluss« bezeichnet. Vom koreanischen Erfolgskonzept, bestehend aus staatlichen Eingriffen, investitionsfreundlichen Bedingungen und der Orientierung an Exporten, lassen sich andere Tigerstaaten mittlerweile inspirieren.

Die Woge erreicht China

Hallyu ist die koreanische Bezeichnung für das Phänomen, dass die hier heimische Popkultur überall auf der Welt gefeiert wird. Zur Koreanischen Welle gehören neben K-Drama, Film und K-Pop auch Essen, Mode und Videospiele. Der Begriff wurde 1998 in China geprägt, als sich die Medien überrascht davon zeigten, wie extrem begehrt koreanische Popkultur bei den Chinesen geworden war.

GANG NAM STYLE

Von der Woge zur Welle

Die romantischen und familienorientierten Filme und Serien wie *My Sassy Girl* (2001) und *Winter Sonata* (2002) kamen nicht nur in China gut an. Auch mit den Kulturen in Südostasien, im Mittleren Osten und in Südamerika gab es Überschneidungen, weshalb dort das Interesse an koreanischen Kulturgütern immer größer wurde. Kurze Zeit später türmte sich die Welle weiter auf: Die K-Pop-Stars Super Junior, Big Bang und Baby V.O.X. feierten ihre ersten großen Erfolge im Ausland.

Psy surft auf der Welle

Der 15. Juli 2012 markiert den Zeitpunkt, an dem die Welle einmal um die ganze Welt gerollt war: Der Rapper Psy veröffentlichte auf YouTube seinen satirischen Hit *Gangnam Style*. Wenige Monate später erhielt sein Musikvideo einen Eintrag im Guinnessbuch der Rekorde für das beliebteste Video mit den meisten Like-Klicks. Damit war die Koreanische Welle auch in Europa und Nordamerika angekommen, und Korea durfte sich nicht nur über vermehrte Kulturexporte, sondern im Folgejahr auch über 400 Prozent mehr Touristen freuen.

Die Welle bricht nicht!

Nach *Gangnam Style* vermuteten manche, dass die Koreanische Welle nur eine Modeerscheinung sei, denn über den Erfolg des Hits hinaus konnte die koreanische Musikindustrie vorerst nicht wie gewünscht in den USA Fuß fassen. Doch das Ministerium für Kultur hatte bereits früh große Summen für den geplanten Kulturexport bereitgestellt, und ein Ende der Koreanischen Welle war lange nicht in Sicht. Die Nachbarländer Japan und China sahen sich sogar gezwungen, Kulturimporte einzuschränken, weil ihnen die Koreanische Welle vermutlich bis zum Hals stand.

Die nächste Wellen-Generation

Mit Hallyu 2.0 wird die Phase der Koreanischen Welle ab 2010 beschrieben, als Girls' Generation mit ihrem Bubblegum-Pop-Song *Gee* die Rekorde brachen. Auf den Durchbruch in Japan folgte der Durchbruch im Netz: Die sozialen Medien ermöglichten erstmals eine massenhafte Interaktion zwischen Fans und Idols.

Hallyu 3.0

Die koreanische Welle wird von vielen als Alternative zu der von westlicher Dominanz geprägten Popkultur empfunden. Künstler aus Korea pflegen zudem einen intensiven Austausch mit ihren Anhängern, was zu engerer Bindung und größerer Begeisterung führt. In der aktuellen Phase der Koreanischen Welle wird gerne von »Hallyu Craze« (Hallyu-Verrücktheit) gesprochen. Das globale Phänomen ist nun vielseitiger und komplexer geworden. Es werden immer mehr Songs veröffentlicht, Streamingdienste bieten ein unglaubliches Archiv an Inhalten, Trends wie K-Beauty und *mukbang* machen die Runde, und auf Social Media sind Millionen von Fans aktiv.

DANCE

Ohne Tanz kein K-Pop

Das Vermächtnis der 1990er

Alles begann 1992, als die Gruppe Seo Taiji and Boys bei Auftritten mit ihrem Rap-Song *I Know* mit neuartigen Tanzschritten überraschte und das koreanische Publikum im Sturm eroberte. Spätestens als die Tänzer von H.O.T. vier Jahre später Hip-Hop- und R&B-Sounds mit markanten Moves kombinierten, wurde Dancing ein zentrales Merkmal des K-Pop.

K-Pop-Dance

Vom recht einfachen *Gangnam-Style*-Galopp von Psy bis hin zur sich kontinuierlich verändernden *Blood, Sweat & Tears*-Performance von BTS – aufregende und ausdrucksstarke Dances sind aus dem K-Pop nicht mehr wegzudenken. Heute hat jeder bedeutende K-Pop-Song seine entsprechende Choreografie. Einige Idols zeigen sich auch in reinen Tanzvideos und interagieren sogar, wenn sie in den sozialen Medien die Performances anderer Gruppierungen nachtanzen.

Hypnotisierend

Einer der wichtigsten Elemente des Erfolgs von K-Pop ist die Choreographie: Komplexe, perfekt synchron ausgeführte Bewegungen mit hohem Coolnessfaktor, die ihre Zuschauer innerhalb von Sekunden in ihren Bann ziehen, machen eine koreanische Tanzperformance so eindrucksvoll. Die einflussreichsten Genres sind hier Hip-Hop und Jazztanz, wobei das Gesamtkonzept eines Tanzes mit *sexy, swag* oder *cute* beschrieben wird. In Korea liebt man die Herausforderung, und selbst die schwersten Tänze, wie der zum Hit *Don't Wanna Cry* von Seventeen, werden von den Nachwuchstalenten mit Eifer nachgetanzt.

Streetdance

Die tänzerischen Straßenperformances, deren Zeuge man überall in den belebten Vierteln der koreanischen Metropolen wird, nennen sich *gilgeori dance.* Besonders Hongdae oder Daehakro in Seoul gelten als hippe Treffpunkte der Dance-Crews.

Training

Nur die Kinder und Jugendlichen, die sehr hart an sich arbeiten und diszipliniert ihr Tanztraining absolvieren, haben die Chance, ein Idol zu werden. Kandidaten, die als Haupttänzer performen möchten, üben sich im Hip-Hop oder sogar Ballett, bevor sie mit der Ausbildung beginnen können. Wer es dabei schafft, das Interesse der großen Entertainmentunternehmen zu gewinnen, wird in ein Traineeprogramm aufgenommen.

Choreografie

Die heimlichen Helden hinter den Kulissen sind Choreografen wie Lia Kim, die mannigfaltige Tanzbewegungen entwerfen und koordinieren. Lia Kim passt die Tanzbewegungen der Ästhetik der Gruppe und ihren Texten genau an. Wie die Musik selbst sind auch die Tänze von verschiedenen Genres inspiriert, die von Latin bis Hip-Hop reichen. Oftmals lassen die großen Labels mehrere bekannte Choreografen an einer Performance feilen: Bei Itzys Hit *Wannabe* waren gleich vier am Werk, darunter auch Brian Friedman, der bereits für seine Arbeit mit Britney Spears ausgezeichnet wurde. Leider werden die meisten Choreografen nicht ausreichend gewürdigt, und ihre Werke werden nicht selten kopiert.

Dance-Survival-Shows

In den Fernsehshows von Mnet, *Street Woman Fighter* und *Street Dance Girls Fighter,* treten weibliche Tanzteams gegeneinander an, um herauszufinden, wer die beste K-Dance-Crew ist. Die Gewinner der letzten Jahre räumten hierbei Geldpreise, Sponsorenverträge und Stipendien ab. Mit *Street Man Fighter* ist ein Spin-off geplant, bei dem männliche Tänzer zeigen dürfen, was sie draufhaben.

Tanzschulen

Ob als Hobby- oder als professioneller Tänzer, die richtigen Moves lernen Koreaner in den großen Tanzschulen des Landes. Mit LP Dance, DEF Company und Dance Joa sind gleich drei Akademien in Gangnam zu Hause. Das Kursangebot reicht von Freizeittanz für Touristen bis hin zu Vorbereitungskursen für Auditions. Die Schulen sind stolz auf ihre ehemaligen Schüler, die bei S.M Entertainment, JYP Entertainment und YG Entertainment aufgenommen wurden.

VIRTUELLE INFLUENCER

Nicht echt, aber echt überzeugend

Han YuA

Hans Follower kennen sie eigentlich aus dem VR-Spiel *Focus in You,* in dem sie ab 2019 eine der weiblichen Hauptcharaktere war. Der Spieleentwickler Smilegate ließ Han dann als virtuellen Menschen auf den sozialen Netzwerken starten. Ihr erster Song plus Musikvideo wurde 2022 veröffentlicht. Die Gesangsstimme von Han wurde in einer KI-gesteuerten Software generiert, die auf Unmengen an Gesangsdaten zurückgegriffen hat.
www.instagram.com/_hanyua

Rozy

Die Influencerin Rozy teilt Bilder von sich beim Yoga, beim Shopping, beim Posen in modischen Kostümen und beim Zubereiten von *ramyeon* in der Küche. Sie wirkt wie ein Instagram-Profi, der weiß, wie man sich in Szene setzen muss. Doch Rozy ist nicht echt. Sie ist ein Produkt von Sidus Studio X, das die junge Frau mit den geflochtenen Zöpfen und dem Schlafzimmerblick mithilfe künstlicher Intelligenz und 3-D-Software geschaffen hat. Die für immer 22-Jährige war die erste virtuelle Influencerin in Korea. Anfang 2022 feierten Fans ihr K-Pop-Debüt *Who Am I* – in dem Song fragt sie bezeichnenderweise, wer sie denn sei. Doch die erste virtuelle Sängerin war Rozy nicht: 1998 sang sich bereits »Cyber Singer« Adam mit Coverversionen beliebter Popsongs in die Herzen der Koreaner. An das unglaublich realitätsnahe Aussehen von Rozy reichte er natürlich nicht heran.
www.instagram.com/rozy.gram

Rui

Die virtuelle Influencerin Rui postet ebenfalls viele alltägliche Szenen aus ihrem Leben. Bei ihr geht es oft um Mode, und natürlich hat sie einen Werbevertrag mit einer koreanischen Bekleidungsmarke. Für ihre Follower lacht, singt und tanzt Rui auf ihrem YouTube-Kanal. Doch wie schafft das Team von Dob Studios, dies technisch so überzeugend möglich zu machen? Der Kniff ist, dass Ruis Körper echt ist, nur ihr Kopf entstammt den Computern der Macher.
www.youtube.com/c/RuiCovery

K-TIGERS

Wie Taekwondo und K-Pop zusammenkommen

Taekwondo

Seit den Olympischen Spielen 2000 in Sydney ist die Kampfkunst Taekwondo eine offizielle olympische Disziplin. Der Name besteht aus den Silben für Fuß- und Handtechniken sowie dem Wort für Weg. Der Fokus der Techniken liegt auf schnellen und hohen Tritten, was Taekwondo als Wettkampfsportart so einzigartig macht.

Demoteams

Fast jede größere Taekwondo-Schule wählt talentierte Sportler für ihr Demoteam aus. Die Teilnahme bedeutet für erfahrene Kämpfer eine neue Herausforderung, bei der sie neue Techniken meistern und ihre Schule repräsentieren können. Das Demoteam tritt bei verschiedenen Events auf und begeistert die Zuschauer mit akrobatischen Techniken, beispielsweise sehr hohen Sprüngen, bei denen im Flug gleich mehrere Trainingshölzer durchtreten werden.

Die K-Tigers

Die K-Tigers sind das bekannteste, talentierteste und angesehenste Demoteam Koreas. Ihre Spezialität sind eindrucksvolle Taekwondo-Kunststücke zu den Beats von K-Pop-Musik. Es gibt jeweils ein Team für Männer, eines für Frauen sowie das Kinderteam »Little Tigers«. Wer den K-Tigers beitreten möchte, muss keinen schwarzen Gürtel tragen, die Prüfer achten lediglich auf das Potenzial der Bewerber. Im Hauptstudio in Seoul trainieren erwachsene Mitglieder unglaubliche acht bis zehn Stunden am Tag. Zu den Lerninhalten gehören neben klassischem Taekwondo auch Selbstverteidigung, Sparring, Akrobatik und Tanz. Auf ihrem YouTube-Kanal K-Tigers TV stellt das Demoteam viele unterhaltsame Inhalte für seine Fans bereit.

K-Tigers Zero

Die zehnköpfige gemischte Idol-Truppe K-Tigers Zero, die sich ganz dem *»taekwonmu«* verschrieben hat, steht bei dem Label DR Music unter Vertrag und veröffentlichte ihre erste EP *HuiRoAeRak* 2019. Ihr Stil ist ein Mix aus R&B, Dance und Elektro. Seit ihrer Gründung sind einige Mitglieder bereits aus der Gruppe ausgeschieden und neue hinzugekommen.

Pumsae

Die vorgeschriebenen Formen, die Taekwondo-Praktizierende erlernen, heißen *pumsae.* Sie dienen als physische Sammlung der wichtigsten Techniken und müssen bei Gürtelprüfungen gezeigt werden. Bewegungsabläufe, die ein Sportler selbst choreografiert, werden Freestyle-*pumsae* genannt. Diese werden meist von erfahrenen Kämpfern zu passender Musik vorgeführt und sind mit spektakulären Techniken durchsetzt.

Taekwonmu

Die Wortschöpfung *taekwonmu* setzt sich aus »Taekwondo« und dem koreanischen Wort für tanzen, *muyong,* zusammen. Gemeint ist hiermit die Kombination von Tanzchoreografien und akrobatischen Taekwondo-Einlagen, meist zu Popmusik.

Chuck Norris in Korea

Während des Vietnamkrieges erlernten viele US-Soldaten die Techniken des Taekwondo, darunter auch der spätere Schauspieler Chuck Norris, der in Korea stationiert war. Zu dieser Zeit erfreuten sich Kampfkunstfilme einer plötzlichen großen Beliebtheit, und viele Amerikaner und Koreaner unterrichteten den Kampfsport nun in den USA. Taekwondo wurde also zum ersten Kulturexport des Landes – lange vor der Koreanischen Welle.

Tricking

Das Tricking ist in der Kampfkunstwelt noch relativ jung. Es vereint Techniken verschiedener Kampfkünste, hat seinen Ursprung jedoch eher im Taekwondo. Die »Tricker« dieser Disziplin tauschen sich bei »Gatherings« aus und lernen die neuesten Tricks voneinander. Bei Wettbewerben, die als Solo- oder Team-Battle ausgetragen werden, vollführen die Kämpfer spektakuläre Wirbel-Fußtritte und Salti.

Taekwondo im Alltag

Viele Kinder lernen bereits sehr früh Taekwondo, doch nur die wenigsten bleiben wirklich lange dabei. Spätestens in der Highschool wird der Leistungsdruck sehr hoch, und auch Erwachsene haben neben der Arbeit kaum Zeit, sich diesem Hobby zu widmen. Doch die jüngere Generation will das nicht hinnehmen, und manche von ihnen kommen wieder zurück ins Training und motivieren auch ältere Koreaner dazu, Taekwondo zu erlernen.

DESIGN & KUNST

Kreatives Korea

K-Design

In Korea gab es lange kein Wort für »Design«, so wie es im Westen verstanden wird. Indes wurden kreative Arbeiten früh vom Westen beeinflusst, und doch haben sich die Designer hierzulande immer ihre Eigenheiten bewahrt, da sie unablässig auf der Suche nach neuen Ansätzen sind. Koreanisches Design ist gerade deshalb so aufregend, weil es einerseits so vertraut und andererseits innovativ und unvorhersehbar ist.

↑ Junkook von BTS
↗ Yuna von ITZY

K-Pop-Berühmtheiten als Künstler

Koreanische Idols absolvieren harte Trainingseinheiten und sind geschult in Tanz und Gesang – doch manche sind darüber hinaus weiter kreativ: Jungkook von BTS hat vor einiger Zeit mit seiner Malerei auf sich aufmerksam gemacht, genauso wie Yuna von ITZY, Seulgi von Red Velvet und Yura von Girl's Day. Letztere hat ihre Werke bereits in verschiedenen Ausstellungen gezeigt. Für Rapper Mino von Winner ist Kunst kein Hobby mehr: Seine K-Art war bereits in internationalen Ausstellungen zu bestaunen.

Typografie

Die Entwicklung einer neuen *hangeul*-Schriftart ist zeitaufwendig, und oftmals arbeiten Typografen in Teams. Die große Vielfalt an *hangeul*-Schriften, mit der Grafikdesigner arbeiten, verschafft ihnen ebenso vielfältige Ausdrucksformen. Immer wieder testen Typografen die Möglichkeiten und Grenzen der modularen Formen ihrer Schrift aus. Designer können mit *hangeul* nicht nur äußerst kreativ arbeiten, die Schrift ist auch identitätsstiftend für alle Koreaner.

Verpackungsdesigns

Viele Verpackungen koreanischer Konsumgüter locken mit edlen, hochwertigen Formen sowie Farben, die an Traditionen erinnern, dabei aber auch modern wirken. Andere stechen mit schrillen Farben und gewagten Designs ins Auge. Koreas Konsumenten haben nicht nur die Qual der Wahl, sondern auch immer etwas Schönes zum Anschauen – selbst wenn es nur eine Verpackung ist.

Nam June Paik

Der 2006 verstorbene Komponist Nam June Paik war Mitglied der Fluxus-Bewegung, einer Kunstrichtung, die gegen elitäre Kunst revoltierte. Er gilt als einer der Video- und Medienkünstler der ersten Stunde und hat mit Werken wie *Passage, Canopus, Electronic Superhighway* und *Internet Dream* Pionierarbeit geleistet. In den 1990er-Jahren war Paik Professor an der Kunstakademie in Düsseldorf, und sein künstlerisch bedeutsames Wirken in Deutschland regt noch heute viele junge Koreaner dazu an, in der Bundesrepublik zu studieren.

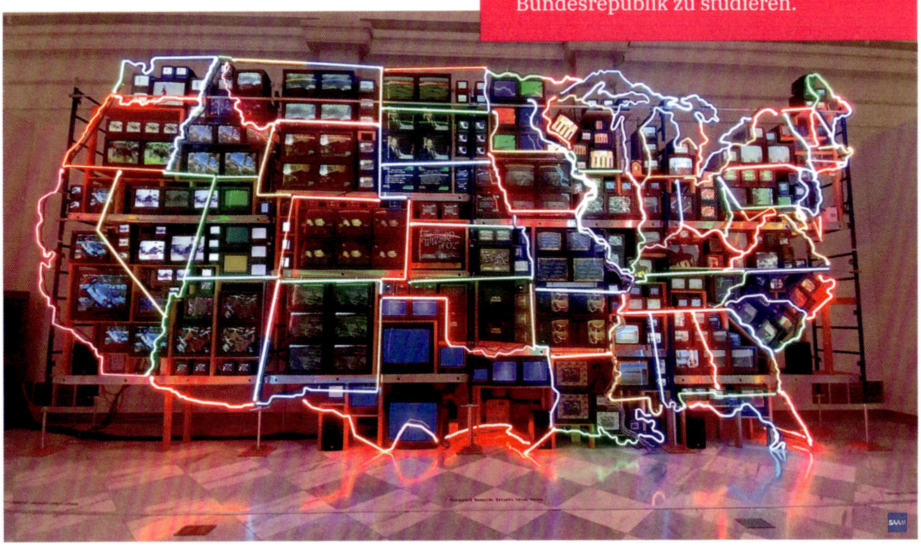

PEACHES!
CAPTAIN
Hwang
HWANG
MIN HYUN
LOVE MY 'SUMMER'
ONE NIGHT,
I SUDDENLY WANTED
TO DISCRIBE MY FANS
AS MY SUMMER

K-POP ZUM ANFASSEN

Den Idols auf der Spur

K-Pop hautnah

K-Pop-Gruppen sind bekannt dafür, dass sie mit ihrer Community interagieren – nicht nur online, sondern auch offline. In Korea können Fans an vielen verschiedenen Orten K-Pop direkt erleben und so ihren Idols noch ein bisschen näher kommen.

Die Hauptquartiere belagern

K-Pop-Anhänger suchen gerne den Hauptsitz des Plattenlabels ihrer Lieblingsgruppe auf. YG Entertainment und Cube Entertainment haben sogar eine Cafeteria, in der man warten und hoffen kann, dass die Idols zufällig einen Termin im Gebäude haben.

In Cafés und Restaurants abhängen

Viele K-Pop-Berühmtheiten haben einige schicke Cafés und Restaurants in Seoul eröffnet. In einigen hiervon gibt es Fotos, Autogramme und weitere persönliche Gegenstände der Stars zu bestaunen. Dass hier auch die Besitzer plötzlich auf einen Kaffee hineinschneien, ist zwar unwahrscheinlich, aber man kann ja nie wissen!

Musikshows besuchen

Die Macher der Musikshows wie *Inkigayo, Music Bank, Show Champion* und *M Countdown* verlosen Zuschauerplätze gerne unter echten Fans. Manche Shows verlangen allerdings, dass man Mitglied in einem Fanclub und in Besitz des aktuellen Albums der auftretenden Gruppe ist. Die Auserwählten freuen sich dann über ein kostenloses Konzert ganz nah bei ihren Idols.

Drehorte erleben

Koreaner stehen darauf, die originalen Drehorte ihrer Lieblingsserien zu besuchen. Auch die Mitglieder der Fanclubs suchen die Drehorte von K-Pop-Musikvideos auf. Einer davon ist der verlassene Vergnügungspark Yongma Land, der in vielen Videos zu sehen ist, zum Beispiel in Twices *Like Ooh Ahh.* Apink tanzte einst auf dem Dach der Kyung-Hee-Universität und EXO durch die Straßen des Englischen Dorfes Paju – Orte, denen Hardcorefans gerne einen Besuch abstatten.

Die K-Star Road entlangschlendern

Sie ist für K-Pop-Anhänger eine bekannte Adresse: die K-Star Road im Seouler Gangnam-Bezirk. Hier stehen viele niedliche Figuren herum, die berühmte K-Pop-Gruppen oder -Künstler darstellen.

Auf den Pfaden von BTS wandeln

Hybe Insight ist eine Ausstellung im Hauptquartier der Hybe Cooperation in Seoul, die kein BTS-Fan verpassen möchte. Hier werden viele Einblicke in Leben, Musik und Stil der Band gewährt. Fans, die in Gwangju verweilen, lassen sich es nicht entgehen, ein Foto vom Wandgemälde und der Skulptur »Hope World« zu machen. Sie suchen sogar abgelegene Orte auf, wie die einsame Bushaltestelle am Jumunjin-Strand, die auf dem Album-Cover von *You Never Walk Alone* zu sehen ist.

↓ Zum Schmusen: Die Kuschelfiguren von BT21 wurden von den BTS-Mitgliedern selbst entworfen.

K LIFE

Alltägliches Korea

Der Alltag in Korea ist kaum mit unserem zu vergleichen. Geduld und Gemütlichkeit scheinen Fremdwörter zu sein, denn es heißt oft: *»bballi balli«,* »schnell, schnell«. Dieser Einstellung zum Leben ist es wohl zu verdanken, dass die Koreaner sich über einen vortrefflichen Service freuen können. Doch das Leben ist dadurch nicht leicht. Bereits ab der Grundschule sind die Kinder dem Leistungsdruck ausgesetzt, zu den Besten gehören zu müssen. Später auf der Highschool und im Studium wird so viel gepaukt, dass manche im Lesesaal übernachten. Haben die Absolventen es geschafft und einen gut bezahlten Job bei einem der Konzerne angetreten, wird es nicht besser: Überstunden und wenig Urlaub gehören zum Alltag. Auch das Wohnen gestaltet sich etwas anders, denn mit *jeonse* hat sich hierzulande ein eigenartiges Mietsystem etabliert. Freude haben Koreaner immerhin an ihren hochmodernen Wohnungen sowie den traditionellen Feiertagen. Wer eine Beziehung führt, für den kommen zahlreiche inoffizielle hinzu. Von Langeweile im koreanischen Alltag kann daher keine Rede sein.

ARBEITEN

Ein Nickerchen im Büro

Überstunden sind Standard

Lange Zeit galt Korea, trotz der vielen geleisteten Überstunden, unter den Industrieländern als eines der am wenigsten produktivsten. Dies stellte vor einigen Jahren die Organisation für wirtschaftliche Zusammenarbeit und Entwicklung fest, als sie die Arbeitsstunden in Korea mit der tatsächlich verrichteten Arbeit verglich. In den Unternehmen wurde zwischenzeitlich für einige Verbesserungen gesorgt, doch die Arbeitskultur lässt sich nicht in dem Tempo verändern, in dem sich der Rest des Landes verändert.

Konfuzius ist schuld

Die koreanische Arbeitskultur ist geprägt von traditionellen konfuzianistischen Vorstellungen. Hier geht es erst in den Feierabend, wenn der Vorgesetzte die Firma verlässt, auch wenn längst keine Arbeit mehr ansteht. Aus Solidarität bleiben die Arbeitnehmer an ihren Plätzen. Im Übrigen wird von ihnen erwartet, dass sie sich immer einsatzbereit zeigen. Das verbessert auch die Karrierechancen, selbst wenn eigentlich nur noch auf dem Handy gespielt wird, bis der Chef geht. Dafür müssen sie Schlafmangel in Kauf nehmen, denn es wird vermutet, das Arbeitnehmer in Seoul im Schnitt nur sechs Stunden Schlaf pro Nacht bekommen.

Work-Life-Balance in Korea

Textnachrichten, E-Mails und Anrufe vom Chef spät am Abend und am Wochenende sowie spontane Meetings sind absolut üblich in der koreanischen Arbeitswelt. Junge Leute wollen das verändern und fordern *worabel* (die koreanische Abkürzung für Work-Life-Balance), ein Leben mit Feierabend, an dem Zeit für die Familie und Freizeit ist. Das ist auch nicht unmöglich in Korea, doch oft müssen Arbeitnehmer bereit sein, auf Karriere und Gehaltserhöhungen zu verzichten.

Ein kurzes Schläfchen ist kein Problem

Hoesik, der mehr oder weniger verpflichtende Feierabend-*soju* beziehungsweise das Feierabendbier mit dem Chef und den Kollegen, hindert koreanische Arbeitnehmer regelmäßig daran, zeitig nach Hause zu kommen. Erst nach Mitternacht fallen sie erschöpft ins Bett. Am nächsten Morgen stehen sie pünktlich, doch verkatert auf der Matte. Ihren Rausch schlafen sie in der Mittagspause mit dem Kopf auf dem Schreibtisch aus. Bei den Führungskräften wird das gemeinhin geduldet, denn ein anwesender Mitarbeiter wird oft mehr geschätzt als ein ausgeschlafener.

Daechung, daechung

In der koreanischen Gesellschaft entwickelt sich alles blitzschnell, und wer den nächsten Trend verpasst, hat verloren. Unternehmen neigen deshalb dazu, vieles *daechung, daechung* zu machen: unüberlegt und übereilt. Zwar beschert diese Arbeitsweise einer Firma enorme Flexibilität, doch wie genau ein Projekt funktionieren soll, wird erst so recht geplant, wenn es schon längst läuft.

SERVICE

Schnell und effektiv

Immer Vollgas

Die sogenannten Quick Service Men sind rastlose Motorradkuriere in schwarzer Funktionskleidung, die einen gefährlichen Job machen: Sie liefern alles, was hinten auf ihr Bike passt – ein Kunstwerk für eine Ausstellung, unerwartete Geschenke für eine Ehefrau oder Unterlagen für einen vergesslichen Mitarbeiter. Quick Service Men sind berüchtigt dafür, spontane Abkürzungen über den Fußweg zu nehmen. Sie fahren zu jeder Tages- und Nachtzeit – auch wenn ein eisiger Wind weht oder die Stadt vom Monsun heimgesucht wird.

Gut zu Fuß

Manche Lieferanten können sich kein eigenes Fortbewegungsmittel leisten und liefern Waren stattdessen zu Fuß aus. Einen Teppich, der von einem Bezirk in den nächsten transportiert werden soll, werfen sie sich kurzerhand über die Schulter und schleppen ihn durch die verzweigten Gänge der U-Bahn-Stationen. Doch manche verzichten absichtlich auf ein Motorrad oder Fahrrad und stellen beispielsweise in ihrer Nachbarschaft Pakete zu, um sich fit zu halten und dabei etwas Geld zu verdienen.

Satt in wenigen Minuten

Essenslieferungen werden in Korea überaus ernst genommen: Wenn jemand hungrig ist, dann soll es extraschnell gehen! Viele Gerichte werden in wenigen Minuten geliefert und auch nicht immer in Einwegverpackungen: Das benutzte Geschirr wird später einfach vor die Wohnungstür gestellt und später vom Lieferservice wieder eingesammelt. Jetzt noch einen Kaffee? Kein Problem, auch dafür kommt ein Lieferant, wenn es sein muss.

Die koreanische Ungeduld

Dass in Korea alles so hektisch zugeht, ist der hier herrschenden *bballi-bballi*-Mentalität geschuldet: alles muss schnell gehen, niemand hat die Zeit, auf irgendetwas oder irgendjemanden zu warten. Die Hektik hat aber auch ihr Gutes, denn nicht nur Dienstleistungen sind zügig, sondern auch die koreanischen Ämter. Alltägliche Bürgerangelegenheiten sind schnell erledigt, für viele braucht man nicht einmal einen Termin, und die Wartezeit ist ungemein kurz.

22
23
11

AUSBIL-DUNG

Büffeln, pauken, wiederholen

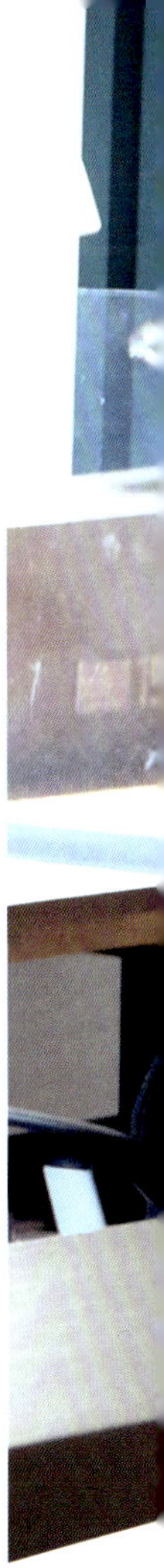

Schuluniformen

Gyobok, die Schuluniform, ist für alle Schüler ab der siebten Klasse verpflichtend. Jungen tragen typischerweise eine Uniform, die aus einer Jacke, einem weißen Hemd mit Krawatte und einer Anzughose besteht. Mädchen tragen eine Weste, ein weißes Hemd mit Schleife und einen Faltenrock. Bis vor einigen Jahren war es ihnen nicht einmal erlaubt, Make-up und Nagellack zu verwenden und eine extravagante Frisur zu tragen – doch das hat sich glücklicherweise geändert.

Dokseosil

In Schulen und Universitäten suchen Schüler und Studenten das *dokseosil* auf, um zu lernen. Das ist ein Lesesaal mit abgeschirmten Plätzen, der es ermöglicht, sich in Ruhe auf den Lernstoff zu konzentrieren. Für zu Hause gibt es das *dokseosil chaeksang,* das sich wie ein Schrank schließen lässt und Lernende von allen möglichen Ablenkungen bewahren soll.

Das Bildungssystem

Auf dem Papier hat Korea eines der besten Bildungssysteme der Welt und wird von anderen Nationen bewundert. Doch dieses hat auch seine Schattenseiten: Schüler müssen früh mit einem hohen Leistungsdruck zurechtkommen. Ihnen bleibt kaum Zeit, sich richtig zu entfalten. Alles ist darauf ausgelegt, einen der begehrten Plätze an einer der Eliteunis zu erhaschen.

Lernen im Cyberspace

Manche junge Leute lernen lieber gemeinsam. Aber online, von daheim aus. Möglich wird dies durch das *metaverse dokseosil:* Im Cyberspace betreten Lernende ein digitales *dokseosil,* wo wie sich mit Mitschülern oder Kommilitonen über den Lernstoff austauschen können – egal, ob es sich um das Abitur oder den Studienabschluss handelt. Schüler oder Studenten, die weder allein noch online lernen möchten, treffen sich dagegen in einem *study café.*

Gosiwon

Das *gosiwon* ist ein Wohnheim, das zumeist in der Nähe der Akademie bereitgestellt wird. Die Zimmer sind erstaunlich günstig: Es fällt nur der Mietpreis an, keine Kaution oder Nebenkosten. Das *gosiwon* verfügt aber nur über eine sehr spartanische Grundausstattung. Im Grunde wird hier nicht viel gewohnt, sondern hauptsächlich gelernt – zum Beispiel für das Staatsexamen. Immerhin sind kostenlose *ramyeon* im *gosiwon*-Service enthalten.

Nach(t)hilfe

Die meisten koreanischen Schüler erhalten bis 22 Uhr (darüber hinaus ist es gesetzlich verboten) private Nachhilfe – darunter in Koreanisch, Englisch, Mathematik oder auch im Programmieren. Eltern scheuen hier keine Kosten, um ihren Kindern die beste Ausbildung zu ermöglichen. Manche Kinder lernen auch im Anschluss an die Nachhilfe noch einige Stunden freiwillig weiter. Im schlimmsten Fall kommen sie so auf nur vier Stunden Schlaf pro Nacht.

↑ Eine Highschool in Gangnam zeigt mit ihrem Banner über dem Eingang, dass hier hart gearbeitet wird.

Abheben von der Masse

Das oberste Ziel des Studiums ist ein gut bezahlter Job als Angestellter bei einem der namhaften Großkonzerne. Um sich von all den anderen fleißigen Mitbewerbern abzusetzen, versuchen die Studenten, vor ihrem Abschluss viele Zertifikate zu sammeln, Praktika zu absolvieren und sogar in englischsprachigen Ländern eine Sprachausbildung mitzunehmen.

추석 특집
화요일은 밤이 좋아
행운권 라운드
정훈희 ♫ DOC와 춤을
춤을 추고 싶을 때는
춤을 춰요
매주 화요일 밤 10시 본방송

FEIERTAGE

Echte und falsche

Chuseok

Herbstabend – so heißt das koreanische Erntedankfest übersetzt. Es richtet sich nach dem Mondzykus, und zur Berechnung des korrekten Tages wird der chinesische Kalender genutzt. Weil extrem viele Menschen Seoul verlassen, um ihre Verwandten zu besuchen, entstehen jährlich kilometerlange Staus auf den Highways. Im Vordergrund von *chuseok* steht die Ehrung älterer Familienmitglieder und der Ahnen. Gemeinsam werden Spiele gespielt, und die Erwachsenen lassen sich im Anschluss den *soju* schmecken.

Zwölf Tage der Liebe

Am Valentinstag schenken die Frauen ihren Partnern Schokolade. Doch das reicht den Paaren in Korea nicht, denn es geht jeden Monat so weiter: Am 14. März folgt nämlich der White Day, an dem sich die Herren mit Süßigkeiten und Geschenken revanchieren. Im April schließt sich der Single Day an, im Mai gibt es den Rose Day, dann den Kiss Day und so weiter – bis der Kreislauf am 14. Februar im folgenden Jahr von vorne beginnt.

Seollal

Der wichtigste Feiertag, das koreanische Neujahr, fällt immer auf den ersten Neumond des Jahres. Wieder kommen die Familien zusammen (nachdem sie sich durchs abermalige Verkehrschaos gequält haben), und gemäß der Tradition isst man *ttoekguk,* eine schmackhafte Suppe mit Reiskuchen. Am Morgen des Neujahrstages freuen sich die Kinder bei der *saebae* genannten Zeremonie über üppige Geldgeschenke, wenn sie sich artig vor den älteren Familienmitgliedern verbeugen. Traditionell werden hierbei nur ganz frische Geldscheine überreicht. Gleichzeitig altern alle an diesem Tag gemeinsam ein Jahr, denn *seollal* ist zugleich der kollektive Geburtstag aller Koreaner.

Dano

Dieses Fest basiert auf den Ritualen, die Schamanen bereits vor über 2.000 Jahren praktizierten. Es wird am fünften Tag des fünften Monats des koreanischen Mondkalenders zelebriert, wenn die spirituelle Yang-Kraft am stärksten ist. Die Stadt Gangneung ist für ihr zauberhaftes *dano*-Festival berühmt. Traditionelles Schaukeln, Wippen, Maskentanz, das Spielen auf traditionellen Instrumenten und *ssireum,* das koreanische Ringen, gehören zu den Festivaldisziplinen.

Pepero Day

Niemand kann sicher sagen, wie der *Pepero Day* entstanden ist. Fest steht nur, dass die Zahlen 11/11 für den 11. November stehen und Koreaner sich hiervon an Schokoladenstäbchen erinnert fühlen. Der Tag ist der größte kommerzielle »Feiertag« in Korea, und die Regale sind schon Tage zuvor gefüllt mit unzähligen Geschenkideen. Einige sind der Meinung, man solle lieber einen Reiskuchentag feiern, weil dies kleineren Geschäften statt dem Lotte-Konzern zugute kommen würde.

Seongeonal

Es ist gesetzlich vorgeschrieben, dass es immer ein Mittwoch sein muss, an dem Koreaner anlässlich einer wichtigen Wahl zur Urne schreiten. Streng genommen ist der Wahltag gar kein Feiertag, aber damit genügend Menschen die Wahllokale aufsuchen, haben einfach alle frei – ob man zur Wahl geht oder nicht.

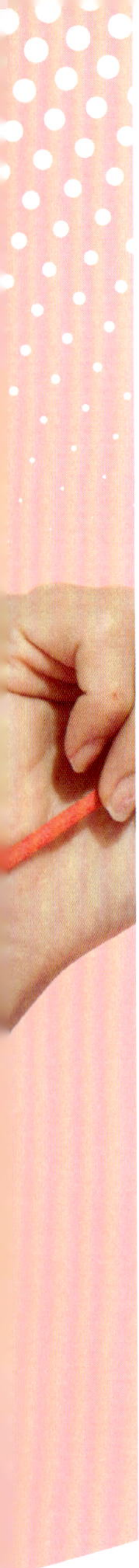

AEGYO

Absolut liebenswürdig!

Aegyo im K-Pop

Das kindliche Verhalten, das besonders durch die Idols des K-Pop international bekannt geworden ist, zeigen zwar herkömmlicherweise die Damen, aber auch die männlichen Stars wissen, dass sie damit bei ihren Fans punkten können. Idols und Talents (Schauspieler) wirken dadurch menschlicher, näher und natürlich attraktiver. Doch *aegyo* ist mehr als nur ein Stilmittel der Popindustrie, denn es ist längst Bestandteil der modernen koreanischen Kultur.

So geht *aegyo*

Unschuldiger Gesichtsausdruck, Schmollmund, Aufstampfen mit dem Fuß, schüchternes Verhalten, Sprechen mit Babystimme und liebes Lächeln, unterstützt von infantiler Gestik und Mimik – das ist *aegyo.* Das kindlich-mädchenhafte Getue kann beim Flirten Interesse unterstreichen, und es lässt sich später in der Beziehung auch prima dazu verwenden, ganz ohne Dominanz den eigenen Willen durchzusetzen.

Niedlich im Alltag

In Korea werden Kinder von ihren Eltern immer ermutigt, durch niedliches Benehmen aufzufallen. Auch später als Erwachsene zeigen Koreaner *aegyo* in Beziehungen, in der Familie, gegenüber Fremden und sogar am Arbeitsplatz. Das eigene Verhalten soll charmant sein sowie auf andere sympathisch und liebenswürdig wirken. *Aegyo* hilft auch dabei, zwischenmenschliche Spannungen abzubauen, und kommt zum Einsatz, wen es darum geht, sich subtil aus der Affäre zu ziehen oder wenn man sicherstellen möchte, dass das Gegenüber sein Gesicht wahren kann.

Aegyo und das Frauenbild

Aegyo stellte ursprünglich ein Gegenentwurf zum konfuzianistischen Frauenbild dar. Doch nun hat sich das Bild gewandelt, und süßes wie naives Benehmen wird von Frauen erwartet, weil *aegyo* als feminine Eigenschaft gilt. Koreanerinnen, die dieses Verhalten als zu unterwürfig empfinden und dabei nicht mitspielen wollen, wird vorgeworfen, sie hätten keinen Charme.

Ppuing-ppuing

Die Geste geht so: Mit geballten Fäusten wischt man sich wie ein Baby die Tränen aus den Augen. Sie wird von Koreanern in den allermeisten Fällen ironisch genutzt. Der Spaß mit *ppuing-ppuing* hat sich durch Comedyshows verbreitet und auch über die Jahre weder an Beliebtheit noch an karikativer Wirkung verloren.

Nicht alle mögen *aegyo*

Zwar gibt es Koreaner, die sich von ihren Partnern *aegyo*-Verhalten wünschen, doch nicht jeder in Korea mag die gespielte Niedlichkeit. *Aegyo* muss wohldosiert sein, eine Performance wie aus einem K-Drama gilt im Alltag dann doch als überzogen und unnatürlich.

Aegyo-sal

Während viele Menschen versuchen, Schwellungen unter den Augen zu verbergen, betonen nicht wenige Koreaner sie. Denn bei dem Trend *aegyo-sal* geht es darum, die geschwollenen Augen zu unterstreichen, um knuffiger zu wirken. Die Polster unter den Augen werden als »charmantes Fett« bezeichnet. Wer nicht mit Augenringen gesegnet ist, geht sogar so weit, sich Fett unter die Augen spritzen zu lassen.

홍대
사주 타로
인 많이 온집
사주 10.000
타로 3.000

ABER-GLAUBE

Mystizismus in Korea

Das Übernatürliche

Obwohl Korea für seine fortschrittliche Technologie und seine popkulturellen Trends gefeiert wird, ist der Aberglaube im Land weit verbreitet. Das Übernatürliche ist geradezu Teil des koreanischen Alltags und basiert zumeist auf überlieferten Glaubensvorstellungen aus dem Schamanismus, der hier noch immer praktiziert wird.

Wahrsagen

Einige Koreaner haben gerne Gewissheit und treffen eine bedeutungsvolle Entscheidung weder aus dem Bauch noch nach langem Überlegen. Stattdessen werden vor der Hochzeit, vor einem wichtigen Test und bei der Namensfindung für Neugeborene Hellseher, Schamanen oder Mönche konsultiert.

Wovor sich Koreaner fürchten:

- Namen mit roter Tinte zu schreiben, das bringt tödliches Unglück.
- Die Zahl Vier steht für den Tod, daher heißt das vierte Stockwerk in Korea einfach nur »F«.
- Schmetterlinge berührt man lieber nicht, weil die Berührung zum Erblinden führen könnte.
- Ventilatoren könnten zu Sauerstoffmangel führen und bleiben nachts besser ausgeschaltet.
- Partner, denen man Schuhe geschenkt hat, laufen einem eines Tages davon.
- Einen Spiegel an der Eingangstür aufzuhängen, reflektiert das Glück gleich wieder zur Tür hinaus.
- Über ein Neugeborenes zu springen, hat zur Folge, dass es später nicht groß wird. (Davon raten auch viele rational denkende Koreaner ab.)
- Ein Spaziergang entlang der Steinwände des Palastes Deoksugung in Seoul treibt Paare eines Tages auseinander (das Scheidungsgericht befindet sich in der Nähe des Palastes).

Schamanismus

Man muss nur einen der vielen Berge hochwandern, die Seoul umgeben, um Zeuge von schamanistischen Ritualen zu werden. Die Macht der Geister scheint hier am stärksten zu sein, doch auch mitten im hektischen Treiben einer der größten Städte der Welt kann man nahezu an jeder Ecke eine Schamanin konsultieren.

Gunghap – leben nach Zahlen

Der *yeoksulga* analysiert für koreanische Familien, ob Partner oder auch die ganze Verwandtschaft zusammenpassen. Er kombiniert die Zahlen aus Geburtsdaten und Namen, um den Familien mitteilen zu können, ob ihnen eine erfolgreiche und glückliche Zukunft bevorsteht.

Der Tag, an dem kein Dämon unterwegs ist

Bei der Planung wichtiger Handlungen muss nach dem traditionellen koreanischen Volksglauben unbedingt der Mondkalender berücksichtigt werden. Denn bösartige Dämonen will man bei Hochzeiten, bei Großveranstaltungen, Geschäftseröffnungen und Umzüge nicht um sich haben. In einem Onlinekalender können Koreaner nachsehen, an welchem Tag die Geister ruhen. Umzüge sind an solchen Tagen natürlich kostspieliger, weil begehrter. Um ganz sicher zu gehen, reinigen die Ausziehenden die verlassenen Räumlichkeiten am Umzugstag nicht. Pfiffig – denn so glaubt der Dämon, niemand sei ausgezogen, und bleibt vor Ort.

이마트에서는 이마트 e카드
emart
혜택 1 이마트에서 첫 결제 시
결제금액의 최대 50%
신세계포인트 적립
3만 포인트 한도
혜택 2 모든 가맹점 2~6개월
무이자할부
5만원 이상 결제 시
혜택 3 생활요금 정기결제 신청 시
최대 12만원 캐시백
B
Biopublic
4
3
3c
4c
2c
라 면
Ramen
emart

SUPER-MÄRKTE

Wo Koreaner einkaufen gehen

Hypermarket

Riesige Supermärkte mit schier unendlichen Verkaufsflächen sind Hypermarkets, die in Korea *mateu* genannt werden. Zu den bedeutendsten Ketten gehören Lotte Mart, Emart und Home Plus. Sie bieten alles, was zum täglichen Leben benötigt wird, und noch mehr – zum Beispiel Hundewelpen. Der Service wird wie immer großgeschrieben: Es gibt Verkostungen, Mitgliedskarten, KakaoTalk-Gutscheine, und es steht immer ein hilfsbereiter Mitarbeiter zur Verfügung (manchmal gewinnt man sogar den Eindruck, dass mehr Mitarbeiter als Kunden im Laden anwesend sind).

Convenience-Store

Dem koreanischen Sinn für Bequemlichkeit ist es zu verdanken, dass Convenience-Stores wie GS25, Ministop, CU, Emart24 und 7-Eleven mehr Profit machen als alle anderen Lebensmittelgeschäfte. Die meisten haben jeden Tag rund um die Uhr geöffnet und bieten Fertigmahlzeiten, Postservice, Handyladestationen und *ramyeon*-Kochecken. Zusätzlich locken Rabattaktionen und Produkte in exklusiven Sondereditionen, die noch nicht in normalen Märkten erhältlich sind, zum Beispiel veganes Thunfisch-Mayo-*gimbap*.

Einfach „Super"

Lokale Supermärkte mit verschiedenen Angeboten und Konzepten finden sich in Korea an jeder Ecke. Die Auswahl in einem *syupeo* ist zwar kleiner, aber größtenteils sind Produkte hier zu günstigeren Preisen zu haben.

Automatische Supermärkte

Convenience Stores ohne Mitarbeiter, die mit einer Kreditkarte oder Samsung Pay betreten werden können, werden in Korea *mu-in pyeonuijeom* genannt. Produkte, die man hier verzehrt oder mit hinausnimmt, werden zügig von der Kreditkarte oder dem Guthaben abgezogen. Mittlerweile gibt es eine Vielzahl an Geschäften, die auf Personal verzichtet. Beliebt sind besonders Läden, in denen Tierbesitzer schnell Futter oder Spielzeug für ihre Vierbeiner kaufen können. Seit einiger Zeit locken diese Geschäfte Herrchen und Frauchen mit sehr günstigen Eiscreme-Angeboten – ein Verbundverkauf, der sehr lukrativ zu sein scheint.

Sijang – frisch und günstig

Früchte sind wirklich äußerst teuer in Korea, besonders exotische. Daher kaufen Koreaner sie möglichst auf traditionellen Märkten *(sijang).* Hier gibt es auch eine große Auswahl an frischem Gemüse und *banchan* (Beilagen) – ebenso wie bei den vielen nicht autorisierten Verkäufern, die ihre Waren an sehr rudimentären Ständen auf der Straße anbieten.

Cookat Market

Das Start-up-Unternehmen Cookat richtet sich in den sozialen Medien mit seinen Kochvideos an junge Leute in Ostasien und verkauft über 200 eigene Lebensmittelprodukte. In Seoul unterhält Cookat ein Geschäft, in dem Kunden Lebensmittel kaufen und direkt im Imbissbereich zubereiten und verzehren können. Gäste, die sich lieber bekochen lassen möchten, nehmen im integrierten Cookat-Restaurant Platz.

Smart Yakult Ajumma

Als *yakult ajummas* sind in den 1990er-Jahren ältere Damen bekannt geworden, die den gleichnamigen Joghurtdrink sowie viele Säfte und Snacks aus ihrem mobilen Kühlwagen verkaufen. Heute fahren sie selbst mit – auf digitalisierten Elektrovehikeln mit einem 220-Liter-Kühlfach. Zu ihren wichtigsten Kunden gehören weiterhin sie selbst, nämlich ebenfalls ältere Damen. Bezahlt wird nun jedoch per App.

Ramyeon-pyeonuijeom

Großer Beliebtheit erfreuen sich zurzeit Convenience Stores ohne Personal, die über einen *ramyeon*-Kochautomaten verfügen. Zur Auswahl stehen frische Zutaten und Beilagen wie Frühlingszwiebeln, Chili, Kimchi und Rettich.

Retro-Kiosk

Junge Leute stehen auf den Retro-Style der *gamaekjib*. Das sind kleine Supermärkte, oft mit improvisiertem Interieur, in denen Kunden auch bewirtet werden. Der Klassiker ist ein großes gerolltes Omelette mit einem Bier dazu. Oft darf man sich selbst bedienen und teilt beim Verlassen der – meist älteren – Dame an der Kasse mit, was man verzehrt hat.

Online-Lebensmittel

Typisch für Korea ist, dass die großen Hypermarkets bereits seit vielen Jahren zügige Lieferservices unterhalten. Mittlerweile kaufen Koreaner Lebensmittel auch bei reinen Onlinesupermärkten ein: Coupang, GS Shop, Market Kurly und Gmarket sind die gefragtesten Anbieter. In den Städten werden Waren, die bis 24 Uhr bestellt wurden, in der Regel schon am nächsten Morgen um sieben Uhr geliefert.

new balance
BIG SALE
뉴발란스
경
POLICE
찰
998구 6625

SICHER-HEIT

Wie sicher ist es in Korea?

Für Touristen

Die Kriminalitätsrate ist sehr gering in Korea, und Touristen können ihren Aufenthalt unbekümmert genießen. Wie immer ist es der gesunde Menschenverstand, der vor überhöhten Preisen an Straßenständen, Spenden sammelnden Fake-Mönchen und dubiosen Einladungen zu spirituellen Séancen schützt.

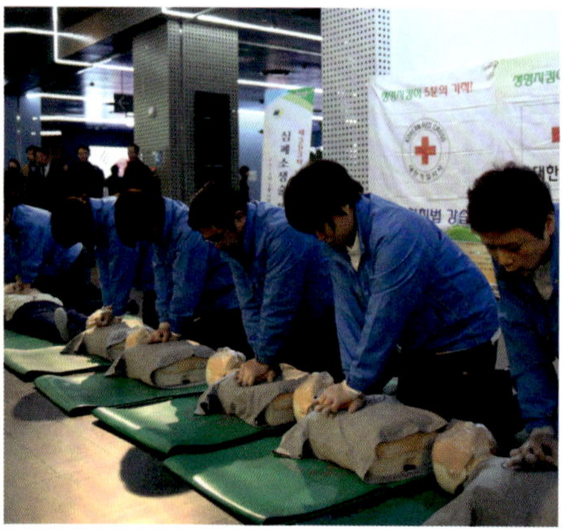

Demonstrationen

Es empfiehlt sich auch, den häufigen Demonstrationen in den Städten fernzubleiben. In Korea klafft eine Lücke in der Interaktion zwischen Staat und Öffentlichkeit. Es fehlt nämlich an Institutionen, die zwischen Politik und Zivilgesellschaft vermitteln könnten. So treffen sich der Staat, in Form Dutzender von Polizeibussen, und das Volk, gekleidet in seine Demonstrationsoutfits, auf den Straßen. Das können »Treffen« werden, an denen man als Unbeteiligter nicht teilnehmen möchte.

Sicherheitsgefühl

Obwohl das Land zu den 20 sichersten Ländern der Welt zählt, fühlen sich seine Einwohner offenbar wohler, wenn jeder Schritt von einer Überwachungskamera aufgezeichnet wird. Allein in Seoul wachen über 80.000 Kameras über Gebäudeeingänge, Kreuzungen und öffentliche Plätze. Etwa zehn Prozent davon sind Smart CCTVs: Überwachungssysteme, deren Bilder von einer künstlichen Intelligenz ausgewertet werden. Manche Sicherheitsanlagen weisen akustisch darauf hin, dass illegales Müllabladen beobachtet und sofort geahndet wird.

Zivilschutzübungen

Die aktuelle Lage des Konflikts mit Nordkorea behalten Koreaner immer im Blick. Oder auch nicht, denn unternehmen könnten sie im Notfall ohnehin nicht viel. Dennoch gibt es regelmäßig groß angelegte Zivilschutzübungen, bei denen Sirenen jaulen, Kampfjets fliegen und die Bevölkerung zu Trainingszwecken in der U-Bahn Schutz suchen soll.

Straßenverkehr

Die größte Gefahr in Korea geht vom Straßenverkehr aus: Taxifahrer »verrechnen« sich beim Fahrpreis, Autos überfahren rote Ampeln, Motorräder nehmen Abkürzungen über Gehwege, und auch die Busfahrer sind nicht für ihren souveränen Fahrstil bekannt.

Organisiertes Verbrechen

Jopok oder *geondal,* so nennt man in Korea die Mafia. Sie besteht aus mehreren Verbrecherorganisationen, von denen die in Busan angesiedelte *chilsung-pa* die bedeutendste ist. Die Strafverfolgungsbehörden schätzen, dass es weit über 200 dieser Verbrechersyndikate gibt, auf die sich rund 5.000 Mitglieder verteilen. In der Popkultur ist die koreanische Bandenkriminalität sehr präsent, sie wird nicht nur in koreanischen Medien, sondern auch in US-Produktionen romantisiert.

Phishing

Koreaner beschweren sich über die steigenden Zahlen beim Voice Phishing, betrügerischen Anrufen, bei dem die Täter durch Tricks und Erpressung hohe Geldbeträge erbeuten. Auf dem Vormarsch ist hier das sogenannte Smishing, bei der KakaoTalk-Nachrichten zum Übertragen von Schadsoftware genutzt werden, die zu Identitätsdiebstahl oder dem Übermitteln von Kreditkarteninformationen führt.

Korruption

Eine kleine Aufmerksamkeit oder ein Geschenk wird in Korea nicht immer gleich als Bestechung wahrgenommen. Denn in der Gesellschaft spielt *jeong,* das Zeigen von Großzügigkeit, eine wichtige Rolle. Es fällt Koreanern schwer, die Grenzen zu ziehen und zu definieren, wo Gefälligkeiten aufhören und Korruption beginnt. Transparency International schätzt die Korruption in Korea als moderat ein – das Land rangiert also im Mittelfeld.

WEHR-PFLICHT

Dienst in den Streitkräften

Der Konflikt mit Nordkorea

Formal befinden sich Nord- und Südkorea noch im Krieg, denn 1953 wurde lediglich ein Waffenstillstandsabkommen geschlossen. Weil dieses immer wieder gebrochen wurde und es häufig zu Auseinandersetzungen gekommen ist, haben beide Seiten ihre Armeen entsprechend aufgerüstet und stehen sich an der Grenze noch immer bis an die Zähne bewaffnet gegenüber.

Fürs Vaterland

Alle Männer im Alter von 19 bis 35 Jahren sind zum Militärdienst verpflichtet. Die Dauer richtet sich nach der Teilstreitkraft, in der die Wehrpflicht absolviert wird. Sie kann 18 bis 21 Monate betragen. Nach dem Einzug durchlaufen die Rekruten eine fünfwöchige körperlich und psychisch herausfordernde Grundausbildung. Anschließend wird per Zufall entschieden, wo der Dienst geleistet werden muss. Eine Stationierung an der Grenze zu Nordkorea ist natürlich der am wenigsten gefragte Einsatzort bei den jungen Männern.

Ersatzdienst

Nur wer bei der Eignungsprüfung als gesund genug eingeschätzt wird, »darf« den Dienst an der Waffe leisten. Rekruten, die abgelehnt werden, sind zu einem Ersatzdienst verpflichtet. Für die zukünftigen Karrierepläne erweist sich dieser jedoch als hinderlich, wenn zum Beispiel im Vorstellungsgespräch Wert auf Leistungen aus dem Militärdienst gelegt wird. Der Ersatzdienst kann im Gesundheitswesen, im sozialen Bereich oder, für Studienabsolventen, auch in der Forschung und Industrie geleistet werden.

PX-Geschäfte

Wehrpflichtige, die das Kantinenessen satt haben und sich nach *ramyeon*, Softdrinks und Tiefkühlkost verzehren, können in sogenannten PX Stores steuerfrei einkaufen. Die Abkürzung steht für »Post Exchange« und wurde von einem ähnlichen Service der US-Streitkräfte inspiriert. Dank einer Militär-App können Soldaten auch nach dem Ausscheiden aus der Armee weiterhin hier einkaufen. Im Gegenzug müssen sie sich »nur« verpflichtet haben, etwa acht Jahre länger Dienst zu tun, als von ihnen verlangt wird.

Alltag in den Kasernen

In den letzten 20 Jahren hat sich beim koreanischen Militär viel getan: Wehrpflichtige dürfen nun private Mobiltelefone nach Dienstschluss nutzen, sie können ein von Soldaten betriebenes Café besuchen, und jeder Soldat darf, unabhängig vom Dienstrang, die heiß begehrte *ramyeon*-Kochmaschine benutzen. Eines hat sich jedoch nicht geändert: die Begeisterung der Soldaten für *jokgu* – die Mischung aus Fußball und Volleyball ist nach wie vor der gängigste Zeitvertreib während des Militärdienstes.

Auch Idols müssen dienen

Im Jahr 2020 wurde ein Gesetz erlassen, das es koreanischen Künstlern erlaubt, ihre Wehrpflichtzeit zu verschieben. Dennoch müssen sie eines Tages antreten und im Anschluss an die Grundausbildung ihren Dienst als »Social Service Agent« in einer speziellen Einheit für Künstler und Profisportler leisten. Viele Fans verfolgen gespannt, ob und wann ihre Idols eingezogen werden – wie zum Beispiel im Fall der Mitglieder der Boygroup BTS, von denen vermutet wurde, dass sie alle gemeinsam einberufen werden. Derzeit wird in der Politik diskutiert, ob Popsänger, die internationale Bekanntheit erreicht und somit ihrem Land bereits gedient haben – ähnlich wie Olympiasieger –, vom Wehrdienst befreit werden sollten.

WOHNEN

Sweet Home Korea

Jeonse

Jeonse ist das bevorzugte Mietsystem in Korea und ziemlich einzigartig: Die Bewohner zahlen keine Miete, dafür müssen sie die Hälfte des Kaufpreises für die Wohnung hinterlegen. *Jeonse*-Verträge laufen zwei Jahre, damit der Vermieter Einnahmen über den Zinsgewinn machen kann. Die Popularität dieses Mietsystems ist stark vom aktuellen Zinssatz abhängig.

Wohnparks

Die koreanischen Großkonzerne haben das Land mit betongrauen Wohnparks überzogen – sie sind schlichtweg überall. Auf den Rückseiten der Häuser prangen die Namen der Erbauer und riesige Zahlen, damit Koreaner ihr Zuhause wiederfinden können. Einige dieser Komplexe bieten Platz für über 300.000 Menschen.

Apartmenthäuser

Etwa die Hälfte der Menschen in Korea bewohnt ein *apateu,* ein mehrstöckiges Haus in einem der unzählbaren Wohnparks des Landes. Sie bewohnen sie jedoch ausgesprochen gerne, denn der Komfort spricht für sich: standardmäßige Glasfaserverbindung, beheizte Fußböden, edle Küchenzeilen und automatische Sicherheitssysteme.

Officetel

Die »Officetel«-Mehrzweckwohnungen sind nicht besonders geräumig, aber die beste Option, wenn Bewohner hier auch arbeiten wollen. Sie sind vorwiegend wie Studios geschnitten und vereinen alles, was Kleinunternehmer benötigen – und das zu einem günstigen Preis.

Wolse

Bei *wolse* schließen Mieter einen herkömmlichen Vertrag über ein bis zwei Jahre ab. Diese Wohnform wird häufig von Menschen genutzt, die oft umziehen müssen. Auch Studenten und junge Angestellte wohnen zu *wolse*-Konditionen, weil *jeonse*-Verträge zu teuer für sie wären.

Banjeonse

Ein Hybrid aus den beiden traditionellen Mietformen ist *banjeonse*. Hier zahlt der Mieter eine moderate monatliche Miete und eine geringere *joense*-Kaution. Die Laufzeit dieser Verträge ist oft auf zwei Jahre beschränkt, nach deren Ablauf neu verhandelt werden muss.

One Room

Einzimmerwohnungen oder auch Studiowohnungen vereinen in einem einzelnen Raum Wohnzimmer, Küche und das Schlafzimmer. Natürlich mieten sich Studenten gerne in One Rooms ein. Diese befinden sich häufig in der Nähe von Bildungseinrichtungen, sind aber dennoch nicht günstig: Für 20 m² werden 450 bis 750 Euro verlangt, die Kaution beträgt etwa 8.000 Euro.

Hasukjib

Ein *hasukjib* war früher ein freies Zimmer, das von einer älteren Dame vermietet wurde. Zum Mietverhältnis gehörte auch, dass die Hausbesitzerin Essen für den Bewohner des Zimmers vorbereitete. Heutzutage wird Koreanern das Thema Privatsphäre immer wichtiger, und so wurde dieses Konzept von sogenannten Share Houses verdrängt, einer modernen Mischung aus Wohngemeinschaft und Hostel.

Hanok

Koreas traditionelle *hanok*-Häuser entzücken nicht nur Touristen, die die Dörfer Bukchon, Seochon, Yangdong und Hahoe besuchen, sondern begeistern auch vermehrt wieder koreanische Mieter und Vermieter. Ein *hanok* zu bewohnen, ist wieder hip – auch wenn es nur für kurze Zeit ist.

SPRACHE

Koreanisch

Ganz allein auf der Welt?

Sprachwissenschaftler können nicht mit Gewissheit sagen, ob Koreanisch, wie die mongolische und die türkische Sprache, zur altaischen Gruppe gehört oder in Teilen mit dem Japanischen verwandt ist. Die meisten gehen allerdings davon aus, dass das Koreanische eine isolierte Sprache und nicht mit anderen Sprachen verwandt ist.

Sinokoreanisch

Durch die Nachbarschaft Koreas zum Kaiserreich hatte das Chinesische großen Einfluss auf die koreanische Sprache. Viele Lehnwörter stammen aus dem Chinesischen. Eine große Anzahl an Begriffen gibt es gleichzeitig auf Sinokoreanisch und auf Koreanisch. Koreaner zählen darüber hinaus mit zwei parallelen Zählsystemen: Bei Zeitangaben beispielsweise wird das sinokoreanische und beim Zählen von Gegenständen das koreanische System genutzt.

Hanja

Bevor mit *hangeul* ein eigenes Alphabet erfunden wurde, schrieb man alle Texte in traditionellen chinesischen Schriftzeichen. Da *hangeul* anfangs unbeliebt war, wurden die *hanja* lange Zeit parallel zur neuen Schrift verwendet. Noch heute sind sie für traditionelle oder wissenschaftliche Texte sowie in den Nachrichten gebräuchlich.

Konglish

Die Kunst, Englisch und Koreanisch zu vermischen, nennt sich Konglish, denn auch das Koreanische erfreut sich zahlreicher Anglizismen. Es gibt sie als englische Lehnwörter wie *aiseukeurim (icecream)* oder als Pseudoanglizismus wie den *gaegeumaen,* der ein *gag man* sein soll, auf Englisch aber *comedian* heißt. Ein weiteres Beispiel ist *haendeupon,* das Handy – also das Mobiltelefon.

Hangeul

Viele, die sich zum ersten Mal mit der koreanischen Schrift beschäftigen, sind überrascht, dass *hangeul* eigentlich ein Alphabet ist. Die 24 Grundbuchstaben werden lediglich nach bestimmten Regeln zu einem Schriftzeichen zusammengebaut, sodass dieses eine Silbe oder ein Wort ergibt.

Abkürzungen

Die koreanische Jugendsprache liebt Abkürzungen – selbst Aussagen, die bereits kurz sind, werden noch kürzer, sodass ältere Menschen keine Ahnung mehr haben, worüber die jungen Leute eigentlich sprechen. Aus 맛있는 점심 *(masinneun jeomsim)* wird 맛점 *(matjeom):* ein leckeres Mittagessen. Im Jahr 2022 war 찐친 *(jjinchin)* besonders angesagt, eine Abkürzung von 진짜친구 *(jinjjachingu):* richtig gute Freunde.

← König Sejong gilt als der Erfinder des koreanischen Alphabets.

Emoticons

Hangeul lässt sich sehr gut zweckentfremden, wovon Koreas Jugend exzessiven Gebrauch macht. Hier einige wenige Beispiele von vielen Möglichkeiten:

^ㅂ^	ein süßer Smiley mit offenem Mund
ㅇㅅㅇ	ein Smiley mit einer Tiernase
ㅠㅠ	weinende Augen
요TL	sich auf allen Vieren übergeben
ㅋㅋㅋ	Lachen (ein Geräusch wie »k-k-k«)

DATING

Partnersuche und Beziehungen

Couple Look

Die gleiche Kleidung wie der Partner zu tragen, ist bereits seit Langem ein beliebter Trend in Korea. Manche Paare greifen für komplette Couple-Look-Sets tief in die Tasche und beziehen auch Accessoires wie Handyhüllen und Uhren in den Style ein. Paare, die nicht gleich wie Zwillinge aussehen wollen, setzen auf den »Similar Look«: Hier deuten nur Komplementärfarben, sich ergänzende Muster und Motive oder andere Feinheiten subtil auf das Paar-Sein hin.

Jahrestage

Einfach nur den Jahrestag zu feiern, reicht koreanischen Paaren nicht: Vom Beginn der Liaison an wird alle 100 Tage ein kleiner »Jahrestag« zelebriert (zusätzlich zu den zwölf Valentinstagen jedes Jahr, siehe Seite 254). Die 100 steht für etwas Komplettes und Reines. Die Zahl ist Paaren so wichtig, weil sie hoffen, dass sie bereits die ersten Höhen und Tiefen überwunden haben und daher lange zusammenbleiben. Teenager sind jedoch etwas ungeduldiger, sie feiern schon den 22. Tag ihrer Beziehung.

Liebesbekundungen

Koreanische Paare sind in der Öffentlichkeit ein wenig zurückhaltend, wenn es um das Zeigen von Zuneigung geht. Händchenhalten ist normal, aber ein Kuss auf die Lippen wird besonders von älteren und konservativen Koreanern schon als zu viel angesehen.

Die Dreitageregel

Sie ist vermutlich ohnehin Unsinn, und in Korea existiert die Dreitageregel gar nicht. Das Gegenteil ist der Fall: Schweigen nach dem Date würde als Ablehnung missverstanden werden. So viele Chatnachrichten wie möglich, das ist die bessere Strategie – belanglos darf es auch sein: »Was gabs zu essen?«, »Was machst du heute noch?«, gefolgt von vielen Emojis und Stickern.

Sogaeting

Seinen Partner beim Blind Date getroffen zu haben, ist keine Schande und in Korea auch gang und gäbe. *Sogaeting* kann ein Verkuppelungsversuch durch Freunde sein, die das potenzielle Paar zu einer Verabredung im Café oder Restaurant zusammenführen, wo die beiden ihre KakaoTalk-IDs austauschen (sofern der Versuch erfolgreich war).

Date Course

Bei einem Date Course lernen sich die Kandidaten besser kennen, weil hierfür direkt mehr Zeit eingeplant ist. Zuerst gehen sie gemeinsam essen, anschließend besuchen sie ein Café, und alsdann lassen sie den Tag mit einem Spaziergang am Seouler Han-Fluss ausklingen.

Meeting

Wer bei einem Date zu nervös wird ist, bevorzugt ein Gruppentreffen mit Freunden, Meeting genannt. Hier wird ein Blind Date mit einem Ausflug, einem Mittagessen oder einem Spieleabend mit Freunden kombiniert – eine stressfreie Atmosphäre, in der man jemand Interessantes kennenlernen kann.

↑ Die Wasserspiele an der Banpo-Brücke sind perfekt für ein Date.

Matseonn

Bei *matseon* kommt tatsächlich ein »Matchmaker« zum Einsatz. Diese Aufgabe könnte jemand aus der Verwandtschaft übernehmen. Der perfekte Kandidat ist vielleicht der Neffe der besten Freundin der eigenen Tante. Beim ersten Treffen wird die Tante dabei sein und ein Gespräch über Ausbildung, Familie oder Finanzen moderieren. Romantisch ist das jedoch nicht gerade.

Bungaeting

Dies ist eine Art Blitzdating. Hierzu brauchen Flirtwillige zunächst geeignete Apps wie Sky People, Someday oder NoonDate. Erst nach einem ersten virtuellen Treffen wird ein Offlinedate geplant. Im Anschluss gibt es die Möglichkeit, über weitere Apps die Beziehung im Digitalen zu pflegen: Exklusive Pärchen-Apps erinnern an Jahrestage, Valentinstage, Geburtstage und empfehlen bereitwillig Geschenke, die dank des Algorithmus zum Partner passen sollen.

↓ *Raus aus der Single-Hölle* von 2021 war die koreanische Antwort auf die US-Flirt-Produktion *Finger weg!*

Impressum

Infanteriestraße 11a, 80797 München

ISBN: 978-3-95889-445-7

Autoren: Bielle Kim und Dennis Kubek

Verantwortlich: Matthias Walter

Produktmanagement: Svenja Müller

Lektorat: Jan Smejka

Einbandgestaltung: semper smile, München unter der Verwendung von Fotos von Dennis Kubek und Shutterstock.com / lyeyee; shin sang eun

Layout: David Janik

Printed in Türkiye by Elma Basim

Sind Sie mit diesem Titel zufrieden? Dann würden wir uns über Ihre Weiterempfehlung freuen.

Erzählen Sie es im Freundeskreis, berichten Sie Ihrem Buchhändler oder bewerten Sie bei Onlinekauf. Und wenn Sie Kritik, Korrekturen, Aktualisierungen haben, freuen wir uns über Ihre Nachricht an feedback@conbook.de.

Unser komplettes Programm finden Sie unter www.conbook-verlag.de

Die Auswahl der aufgeführten Destinationen und Unterkünfte ist subjektiv und erhebt keinen Anspruch auf Vollständigkeit. Alle Angaben dieses Werkes wurden von den Autoren sorgfältig recherchiert und auf den neuesten Stand gebracht sowie vom Verlag geprüft. Für die Richtigkeit der Angaben kann jedoch keine Haftung übernommen werden, weshalb die Nutzung auf eigene Gefahr erfolgt. Sollte dieses Werk Links auf Webseiten Dritter enthalten, so machen wir uns die Inhalte nicht zu eigen und übernehmen für die Inhalte keine Haftung.

Bildnachweis Innenteil: Alle Fotos stammen von Dennis Kubek mit Ausnahme von S. 6/7 (Muster): moj0j0 / Shutterstock.com • S. 8/9: mnimage / Shutterstock.com • S. 10 (oben): 9display / Shutterstock.com • S. 11 (unten): The Image Party / Shutterstock.com • S. 15 (oben): NavyBank / Shutterstock.com • S. 15 (3. von oben): CHALLA_81 / Shutterstock.com • S. 15 (unten): 나도Nado am 10.09.2022, Quelle: www.youtube.com/watch?v=PhKyvf4Hk6Y&ab_channel=%EB%82%98%EB%8F%84Nado • S. 19 (unten): Bielle Kim • S. 23 (unten): Boontoom Sae-Kor / Shutterstock.com • S. 24/25: sungsu han / Shutterstock.com • S. 29 (Mitte links): Joen Han | Korea.net • S. 30 (oben): acongar / Shutterstock.com • S. 30 (Mitte): gothiclolita / Shutterstock.com • S. 35 (unten): Stock for you / Shutterstock.com • S. 41 (oben): gowithstock / Shutterstock.com • S. 41 (Mitte): Jeon Han | Korea.net • S. 46/47 (Muster): moj0j0 / Shutterstock.com • S. 50 (oben): Byeongcheol Jo / Shutterstock.com • S. 54/55: Instagram: @cactus.cacta • S. 56 (beide oben): Instagram: @cactus.cacta • S. 56 (unten): Instagram: @Heejajenny • S. 57 (oben): Hyun Ah, Instagram: @hyunah_aa • S. 57 (Mitte): Jay Park, Instagram: @moresojuplease • S. 57 (unten): Taeyeon, Instagram: @taeyeon_ss • S. 58/59: TEAM PRE-LIGHT / Shutterstock.com • S. 60 (unten): dodotone / Adobe Stock • S. 67 (unten): Photo Drink (www.photodrink.com) • S. 68/69: asharkyu / Shutterstock.com • S. 70 (oben): iStock.com / TrongNguyen • S. 71 (Mitte): iStock.com / Im Yeongsik • S. 72/73: Mongkol chai / Shutterstock.com • S. 74 (oben): Chintung Lee / Shutterstock.com • S. 74 (Mitte): Stock for you / Shutterstock.com • S. 74 (unten): Shepps / Shutterstock.com • S. 75 (oben): Stock for you / Shutterstock.com • S. 75 (Mitte): Vaun / Shutterstock.com • S. 75 (unten): Kangtaejoon / Shutterstock.com • S. 78 (drei Bilder oben): Quelle: www.youtube.com/watch?v=ioNng23DkIM, 31.07.2022 • S. 80/81: Badbadz / Shutterstock.com • S. 82 (unten): Bielle Kim • S. 86/87: KoreaKHW / Shutterstock.com • S. 88/89 (Muster): moj0j0 / Shutterstock.com • S. 90/91: Netflix • S. 92 (beide): Noh Juhan | Netflix • S. 93 (alle): Noh Juhan | Netflix • S. 94 (oben): Netflix • S. 94 (unten): Noh Juhan | Netflix • S. 95: Ju Jae-young / Shutterstock.com • S. 96/97: Juhan Noh | Netflix • S. 98/99: Netflix • S. 100 (alle links): Netflix • S. 100 (beide rechts): Juhan Noh | Netflix • S. 101 (beide links): Netflix • S. 101 (beide rechts): Lim Hyo Seon | Netflix • S. 104 (alle): Netflix • S. 105 (oben): Netflix • S. 105 (Mitte und unten): Jae Hyuk Lee | Netflix • S. 106/107 (oben): Quelle: www.youtube.com/watch?v=jBdRhhSt3Bc&ab_channel=CJENMMovie, 19.09.2022 • S. 106 (2. von oben): Quelle: www.youtube.com/watch?v=Q38h5XD4RKE&ab_channel=CJENMMovie, 19.09.2022 • S. 106 (3. von oben): Quelle: www.youtube.com/watch?v=jBdRhhSt3Bc&ab_channel=CJENMMovie, 19.09.2022 • S. 106 (unten): Netflix • S. 107 (Mitte): Netflix • S. 108: C&B Photography | Netflix • S. 109: Blackaura | Netflix • S. 110/111: Quelle: https://youtu.be/LNZFpEtrdc4?, 25.09.2022 • S. 112/113: Liefie_©MYUNGFILM • S. 114 (oben): Jung Jaegu | Netflix • S. 114 (Mitte und unten): Beauty Water_©2020 ssaniment Inc. & studio animal & SBA • S. 115 (1. und 2. von oben): Liefie_©MYUNGFILM • S. 115 (1. und 2. von unten): Netflix • S. 116/117: allensima / Shutterstock.com • S. 118 (3 Bilder oben): Jeon Han | Korea.net • S. 118 (unten): mooinblack / Shutterstock.com • S. 119 (beide): Jeon Han | Korea.net • S. 120/121: Dennis Kubek • S. 122 (oben): Lifestyle Travel Photo / Shutterstock.com • S. 123 (unten): trabantos / Shutterstock.com • S. 124/125: LCK flickr • S. 126/127 (beide): LCK flickr • S. 131 (Mitte): Gyeongjun Choi | Heypp • S. 132/133 (Muster): moj0j0 / Shutterstock.com • S. 135: Ki young / Shutterstock.com • S. 138/139: © 2022 Kim Carnby,

Hwang Youngchan/NAVER WEBTOON • S. 140 (Mitte): © 2022 llama/NAVER WEBTOON • S. 141 (links oben): Netflix • S. 141 (links Mitte): Jung Jaegu | Netflix • S. 141 (rechts Mitte): Netflix • S. 144/145: Quelle: www.youtube.com/c/CookieRunKingdom, 01.08.2022 • S. 146 (beide unten): Quelle: www.youtube.com/c/CookieRunKingdom, 01.08.2022 • S. 147 (links oben): Quelle: www.youtube.com/c/PUBG, 01.08.2022 • S. 147 (rechts oben): Dennis Kubek • S. 147 (beide Mitte): Jeon Han | Korea.net • S. 148/149: Alexander Piragis / Shutterstock.com • S. 150/151: Quelle: tzuyang쯔양, www.youtube.com/watch?v=pQpT0kTKNb4, 06.06.2022 • S. 152 (oben): Quelle: [햄지]Hamzy, www.youtube.com/watch?v=awfueYQHsY0, 06.06.2022 • S. 152 (links Mitte): Quelle: 문복희 Eat with Boki, www.youtube.com/watch?v=nBCLfKbK6ag, 06.06.2022 • S. 152 (rechts Mitte): Quelle: 히밥heebab, www.youtube.com/watch?v=GxiYRhV5Wso, 06.06.2022 • S. 153 (oben): Quelle: 나옹이빵, www.twitch.tv/naong_bbang/clip/DeterminedSucculentCoffeeUncleNox-QCSu23E-h5yMrsLwu, 06.06.2022 • S. 153 (Mitte): Quelle: tzuyang쯔양, www.youtube.com/watch?v=z9mx_MHP9Eg, 06.06.2022 • S. 154/155: Oleg Znamenskiy / Shutterstock.com • S. 156 (oben): James_Davies / Shutterstock.com • S. 156 (Mitte): Stefan Bruder / Shutterstock.com • S. 156 (unten): Mirko Kuzmanovic / Shutterstock.com • S. 157: Inspired By Maps / Shutterstock.com • S. 158/159 (Muster): moj0j0 / Shutterstock.com • S. 164/165: Panu Kosonen / Shutterstock.com • S. 166 (links): NGCHIYUI / Shutterstock.com • S. 166 (rechts): chai photographer / Shutterstock.com • S. 167 (links): trabantos / Shutterstock.com • S. 167 (rechts): Stock for you / Shutterstock.com • S. 173: aaron choi / Shutterstock.com • S. 180 (unten): Nghia Khanh / Shutterstock.com • S. 181 (oben): cherrydonut / Shutterstock.com • S. 181 (2. von oben): Busan Oppa / Shutterstock.com • S. 181 (2. von unten): JIPEN / Shutterstock.com • S. 181 (unten): Busan Oppa / Shutterstock.com • S. 184 (oben): Club +82 • S. 186/187: Pkphotograph / Shutterstock.com • S. 191: f11photo / Shutterstock.com • S. 200/201 (Muster): moj0j0 / Shutterstock.com • S. 202/203: Michael Duangdara - Flickr @techjunkie452 • S. 204 (oben): Quelle: www.youtube.com/watch?v=gdZLi9oWNZg, 31.07.2022 • S. 204 (Mitte): Quelle: www.youtube.com/watch?v=kXpOEzNZ8hQ, 31.07.2022 • S. 204 (unten): Quelle: www.youtube.com/watch?v=gdZLi9oWNZg, 31.07.2022 • S. 205 (oben und Mitte): Quelle: www.youtube.com/watch?v=lE9lkSdtZeQ, 31.07.2022 • S. 206 (3 Bilder oben): Quelle: YouTube BANGTANTV, 31.07.2022 • S. 206 (unten): Quelle: www.youtube.com/watch?v=WMweEpGlu_U, 31.07.2022 • S. 207 (unten): Michael Duangdara - Flickr @techjunkie452 • S. 208/209: Courtesy of YG / Netflix • S. 210 (1. und 2. von oben): Quelle: www.youtube.com/watch?v=vRXZj0DzXIA, 31.07.2022 • S. 210 (1. und 2. von unten): Quelle: www.youtube.com/watch?v=dyRsYk0LyA8, 31.07.2022 • S. 211 (oben): Quelle: www.youtube.com/watch?v=dyRsYk0LyA8, 31.07.2022 • S. 211 (unten): Quelle: www.youtube.com/watch?v=vRXZj0DzXIA, 31.07.2022 • S. 212 (alle): Quelle: www.youtube.com/watch?v=541-pITyoCQ, 25.09.2022 • S. 213 (alle): Netflix • S. 214/215: Kyungha Hwang • S. 216 (oben): Youngjun Kim • S. 216 (unten): Ye Ram • S. 217 (oben): Jinu Konda • S. 217 (links Mitte): Rumkicks • S. 217 (rechts Mitte): Ye Ram • S. 218/219: Quelle: www.youtube.com/watch?v=Q0d3mbrozYA, 19.09.2022 • S. 220/221: trabantos / Shutterstock.com • S. 222 (oben): Quelle: www.hancinema.net/korean_movie_My_Sassy_Girl-picture_1303554.html, 19.09.2022 • S. 222 (unten): Debby Wong / Shutterstock.com • S. 224/225: Jeon Han | Korea.net • S. 227: LP Dance x Vocal • S. 228/229: Rozy_Sidus Studio X • S. 230/231: Korea.net | CC BY-SA 2.0 • S. 232 (oben): Jeon Han | Korea.net • S. 232 (Mitte): Quelle: www.youtube.com/watch?v=qCl-qhSSac8, 22.09.2022 • S. 232 (unten): Quelle: www.youtube.com/watch?v=h5W0zzvK6Gw, 22.09.2022 • S. 233: BUGNUT23 / Shutterstock.com • S. 236 (links oben): Quelle: www.koreaboo.com/lists/18-bts-jungkook-original-art-pieces-deserve-displayed-in-gallery, 25.09.2022 • S. 236 (rechts oben): Quelle: www.allkpop.com/article/2020/05/itzys-yuna-impresses-fans-with-her-artwork, 25.09.2022 • S. 237 (unten): Quelle: www.youtube.com/watch?v=Q_6HAMt-qW3Y&ab_channel=SmithsonianAmericanArtMuseum, 18.09.2022 • S. 241 (unten): Jeon Han | Korea.net • S. 242/243 (Muster): moj0j0 / Shutterstock.com • S. 244/245: TommyStockProject / Shutterstock.com • S. 250: Sorbis / Shutterstock.com • S. 251 (unten): TY Lim / Shutterstock.com • S. 252/253: Bielle Kim • S. 254 (unten): sungsu han / Shutterstock.com • S. 255 (beide): Gangneung Danoje Festival Committee • S. 256/257 (beide): K-Angle / Shutterstock.com • S. 261 (1., 3. und 4. von oben): Gangneung Danoje Festival Committee • S. 268 (oben): Deman / Shutterstock.com • S. 268 (unten): Jeon Han | Korea.net • S. 270/271: Stock for you / Shutterstock.com • S. 272 (oben): icosha / Shutterstock.com • S. 272 (unten): Stanislav Varivoda / Shutterstock.com • S. 273 (Mitte): iStock.com / Im Yeongsik • S. 273 (unten): PreechaB / Shutterstock.com • S. 284 (unten): Yulia Grigoryeva / Shutterstock.com • S. 285 (unten): Netflix

ISBN 978-3-95889-445-7
894457 01 22 6